꿈을 간호하는 간호사

님께

드림

꿈을 간호하는 간호사

조원경 지음

포널스
출판사

Prologue

간호사들의 꿈

병원에서 일하는 간호사를 붙잡고 당신의 꿈이 무엇이냐 물으면 2/3 이상은 이 병원을 퇴사하는 것이라고 말할 것이다. 이것이 간호사들의 현실이다.

대학에서 어느 누구보다 치열하게 공부를 하고 다양한 봉사활동, 대외활동에 참여하며 바쁜 와중에 실습까지 해내었다. 게다가 대학병원에 입사하기 위해 자소서를 쓰는 것부터 면접, 최종결과 발표까지 피 마르는 하루하루를 보냈을 것이다. 그런데 치열한 경쟁을 뚫고 입사한 병원에서 1년이 되기 전 50% 정도가 퇴사를 하며 다른 병원으로 이직을 하기도 한다. 나 역시 신규 시절 어렵게 입사한 병원에서 3개월이 채 되기 전에 퇴사하고 4년 만에 다시 대학병원에 입사했다. 다시 입사한 병원에서 4년 반을 일할 수 있었던 것은 '책'과 '꿈'이 있었기 때문이다.

책은 사막같은 병원 생활의 오아시스였다. 하루하루의 힘듦을 씻으며 새로운 희망의 문구로 나를 채울 수 있는, 그야말로 병원 생존의 필수품이었다. 게다가 책을 읽으며 '나'라는 존재에 대해 곰곰이 생각해 볼 수 있었으며 '나다움'을 찾아 갔고, 결국 나의 '꿈'을 발견하고 준비할 수 있었다. 그러면서 병원 생활 너머의 꿈을 꾸었고, 간호사 너머의 꿈을 위해 고군분투했다. 그리하여 나의 첫 저서 『서툴지만 괜찮아』가 세상에 나올 수 있었다. 남들에게 말하기 힘들었던 나의 신규 시절 이야기. 학교에서는 잘나갔지만 사회에 나오자 아무 쓸모없어진 학부 성적, 그에 따르는 좌절감 그리고 새로운 도전… 이 모든 이야기들을 풀어 내었더니 나의 이야기에 사람들이 공감하고 위로 받으며 그 이야기를 듣기 위해 또다시 나를 찾아왔다. 게다가 그렇게 위태위태한 병원 생활에서 내가 얼마나 많은 것을 경험하고 배웠는지 깨닫게 되었다. 그리고 지나간 경험에 대한 감사함을 가질 수 있게 되었다.

그리고 '꿈을 간호하는 간호사'라는 꿈을 품고 학생들의 꿈을 간호하고 있다. 나의 간호를 받는 학생들의 안녕을 위해 교재연구뿐 아니라 열정적인 강의, 학생들과의 소통 등 다양한 분야에 힘쓰고 있다. 보건특성화고등학교에서 간호 교과를 가르치며 간호조무사 양성과정의 교육을 하는 보건교사에 대해 아직은 많이 알려져 있지 않지만 이 책을 통해 보건교사가 되고자 하는 후배들에게 조금이나마 도움이 되기를 바라는 마음이다. 더 나아가 간호사를 위한 간호사로 간호사들의 꿈을 간호하는 간호사를 소망한다.

사직만이 최선이라 말하는 임상의 간호사들이 '나다움'을 발견하고 자신의 잠재력을 최대한 발휘하여 누구보다 행복한 삶을 살 수 있기를 간절히 바란다. 아직 '나다움'을 발견하지 못했다면 당신의 잠재력을 발견하는 데 나의 이야기가 자극제가 되었으면 좋겠다.

당신의 가능성, 잠재력은 멀리 있지 않다. 어쩌면 너무 가까이 있어서 보이지 않을 수도 있다. 그것을 발견할 수 있는 작은 길잡이가 될 수 있기를. 그리고 당장이라도 병원을 '때려치우고' 싶은 당신에게 무엇이 당신을 위하는 일인지 한 번 더 고민할 수 있는 기회가 되기를 바란다.

그리고 그 결과가 무엇이든 당신을 응원한다. 모든 것은 나다움을 찾아 가는 여정이기에.

목차

1장

간호사,
병원 밖을 탐하다

간호사,

어디서 일해야 할까

"간호사, 어디서 일해야 할까?"라는 질문에 많은 사람들이, "어디서 일하긴, 병원에서 일하지."라고 말하며 오히려 질문자에게 화를 낼지도 모르겠다. 대부분의 사람들은 간호사는 병원에서 일한다고 생각하기 때문이다.

작년, 진로 수업 시간의 일이다. 학생들이 종이에 적어 낸 장래희망을 살펴보니 마치 정답이 있는 듯, 대부분 종합병원 또는 대학병원에서 근무하는 간호사가 되고 싶다고 적혀 있었다. 사람들은 '간호사'라는 직업에 대해 병원에서 근무하는 간호사를 쉽게 떠올리기 때문에 학생들 역시 병원에서 근무하는 간호사를 희망한 것이 아닐까. 그렇게 적은 이유 중에는 특히, 병원에서 본 간호사의 친절한 모습에 감동을 받았다는 내용이 많았다. 비단 진로를 앞둔 고등학생들뿐 아니라 아이부터 어른까지, 가운을 입고 미소 짓는 간호사의 모습을 보면서 한 번쯤 병원에서 일하는 간호사가 되길 꿈꿔 본 사람은 적지 않을 것이다.

나 역시 간호대학 재학 당시에 대학병원에서 일하는 간호사를 꿈꿨다. 남들이 우러러보는 큰 대학병원에서 그 타이틀을 목에 걸고 멋지게 일하고 싶었다. 물론 처음 입학할 당시에는 간호사보다는 보건교사에 뜻을 두고 있었지만, 대학 생활에 익숙해지고 간호학 전공 공부와 임상 실습을 병행하면서 자연스레 대학병원 간호사를 꿈꾸게 되었다.

하지만 막상 병원이라는 곳에서 근무를 하고 보니 세상에는 병원 외에도 많은 일자리가 있다는 것을 조금씩 알게 되었다. 임상에서 일하는 간호사들은 일과 병행하면서 보건직, 간호직 공무원에 한 번쯤 눈을 돌린다. 또한 보건교사 임용고시도 교직 이수를 한 간호사들은 기회가 되면 도전해 보는 분야이기도 하다.

이렇게 공무원 쪽으로 관심이 많이 생기는 이유는 당연히 3교대의 영향이 크기 때문이다. 결혼 전에는 3교대를 '그래도 할 만하다'라고 말하던 친구들이 결혼을 하고 아이를 낳기 시작하자 3교대를 버거워했다. 일정하지 않은 근무 스케줄 때문에 육아에 어려움을 겪었기 때문이다. 특히나 나이트 근무 때에는 밤새 엄마를 찾느라 잠을 자지 않는 아이 걱정에 안절부절못하는 모습도 보였다. 이러한 육아 맘을 위해서 요즘 준종합병원급에서는 데이킵(오전 7시 30분~오후 3시 30분)이나 스프린트킵(오전 9시~오후 5시)의 간호사 자리도 많이 생겨난다고 한다. 하지만 아직은 워킹맘으로 간호사의 교대근무를 감당해 내기에는 많이 힘든 부분이 있다. 간호사라는 직업에 여성이 차지하는 비율이 크다 보니 결혼과 출산, 육아 문제와 직결되어 있을 수밖에 없는 것이다. 이러한 부분은 앞으로 간호계의 발전을 위해서라도 제도적인 개선이 필요하지 않을까 생각한다.

그럼에도 병원 임상은 간호사에게 있어 '꽃'이라고 생각한다. 앞에서도 말했듯 대부분의 사람들이 간호사라고 하면 떠올리는 모습이 병원에서 일하는 간호사의 모습이고, 간호사면허증을 가지고 일하는 간호사 중에 병원에서 근무하는 간호사의 비중이 가장 크기 때문이다. 나아가 간호사면허증 하나로 다양한 분야에 취직할 수 있지만, 기본적으로 임상경력 1년 이상을 요구하는 경우가 대부분이다. 그렇기 때문에 간호학과를 졸업했다면 종합병원급 이상의 1년 경력을 가지는 것이 나중에 다른 진로를 설정하는 데에도 도움이 된다.

나 역시 처음에 대학병원에 입사한 후, 3개월도 채 되기 전에 임상은 나와 맞지 않은 곳이라 여겨 퇴사를 했다. 그 후, 바닥으로 떨어진 자존감 회복을 위해 의원급 병원에서 일을 하며 마음가짐을 새롭게 하였고 그렇게 재도전하여 4년 만에 다시 대학병원에 들어가게 되었다. 그 긴 시간을 돌고 돌아 다시 대학병원에 들어가면서 깨닫게 된 것은 대한민국에서 간호사로 살아가려면 최소한의 임상경력이 필요하다는 것이었다.

하지만 무조건 병원 근무를 해야 한다고 생각하지는 않는다. 병원이 아닌 다양한 분야에서 간호사를 원하고 있으므로 어디든 내가 맞는 분야에 가서 일을 하면 된다. 보험회사에서도 심사 간호사를 필요로 하고 있으며, 제약회사의 연구 간호사, 기숙사의 보건 사감, 놀이공원의 의무실에서도 간호사를 필요로 한다. 주위를 둘러보면 다양한 분야에서 간호사를 원하고 있으니 병원이 아닌 분야에 대해서도 한 번쯤 알아보는 것도 좋은 방법이다.

이제는 평생직장이라는 말이 무색할 만큼 세상이

빠르게 변하고 있으며 인공지능의 발달로 향후 몇 년 안에 없어지는 직업이 수도 없이 많아지리라 전망하고 있다. 그렇기에 병원에만 머무르는 간호사만 생각하기보다 시야를 넓혀서 다양한 분야의 간호사 업무를 알아 두는 것도 도움이 될 것이다.

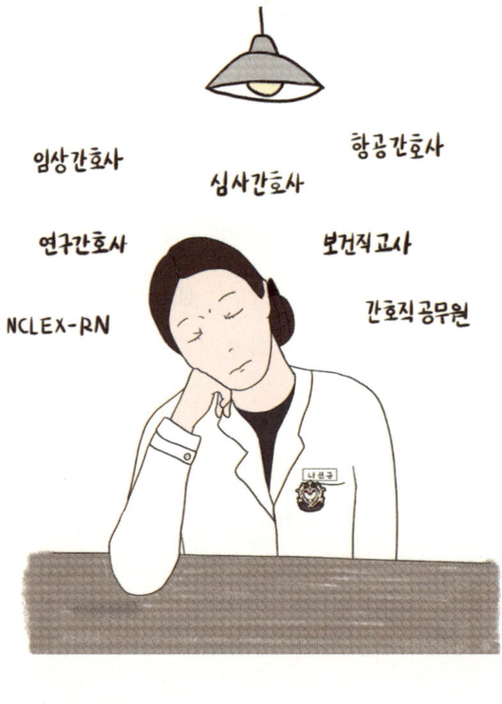

물론 임상이 자신의 적성에 잘 맞는다면 주어진 자리에서 더 열심히 잘하면 된다. 억지로 잘 맞는 임상을 떠나라는 것이 아니다. 더 나은 곳을 찾는다면 다른 분야의 간호직을 찾아보는 것도 나쁘지 않다는 것이다. 그래서 그 분야에서 필요로 하는 경력을 더 쌓거나 필요한 공부를 하며 준비하는 것이 시간을 버는 방법이라 생각한다.

내가 아는 지인 J 간호사는 나와 함께 대학병원 내시경실에서 근무를 했었다. 하지만 작년에 이직했다는 소식을 접하고 놀랐다. 병원에서 똑 부러지게 일을 했을 뿐더러 평생 임상에 있을 것 같은 선생님이었기 때문이다. 알고 보니 역시나 육아의 문제였다. 내시경실에서 병동으로 로테이션이 되면서 3교대를 하면서는 도저히 두 아들을 양육할 수가 없었다고 한다. 그래서 우연히 보험회사에서 간호사를 모집하는 공고를 보고 지원을 했고 합격하여 이직을 하였다. 처음에는 생전 처음 해 보는 업무라 힘들기도 했지만 조금씩 일에 적응하고 있으며 3교대를 하지 않아도 되니 아이들을 양육하는 데에는 더 수월해졌다고 한다.

간호사로서 어디에서 일을 할지는 본인 스스로 결정해야 한다. 남들이 병원에서 일하니까 나도 그래야 한다는 생각은 버리고 자신에게 맞는 직장을 찾는다면 버티기보다는 즐길 수 있지 않을까 생각한다.

드림 메디컬코치를 꿈꾸다

내시경실에서 일한 지 2년이 지나면서 '행복한 삶'에 대한 관심이 생겼다. '어떻게 하면 더 행복할까?'라는 고민을 하게 된 것이다. 그것은 병원 생활의 슬럼프가 오기 직전 내 나름의 몸부림이었는지도 모른다.

소화기 내시경 어시스트라는 일에는 어느 정도 적응했지만, 주말에는 학회 참여로 인해 제대로 쉴 수 없었고, 하나를 알고 나면 또 다른 시술 방으로 배정되어 쉴 틈 없이 배워야만 했다. 내시경실에서 근무한다고 하면 다들 편하게만 보는 시선도 달갑지 않았다. 내가 근무한 곳은 '내시경센터'라는 이름으로 모든 분야의 내시경을 시행했기 때문이다. 소화기 내시경부터 기관지 내시경, ERCP, 방광 내시경까지 우리가 다 해야 하는 시술이었다. 그래서 소화기에서 적응하면 ERCP를 배우게 했고, 그다음은 기관지 내시경이었다.

특히, 나는 중간 연차여서 여기저기 중간에서 모든 걸 다 해야 했다. 위, 대장 내시경을 다 익히고 ERCP 방에서 눈물로 시술을 배워 가고 있을 때쯤, 갑자기 기관지 내시경을 하던 선생님의 사직으로 내가 로테이션이 되어 기관지 내시경을 맡게 되었다. 아직 ERCP도 완벽하게 익히지 못한 채로 기관지 내시경실로 보내지니 가기가 싫었다. 하지만 어쩔 수 없는 상황이라 내가 해야만 했다. 나는 그 와중에 식도내압 측정까지 담당

하고 있어서 나의 업무는 과부하상태였다. 성격상 완벽하게 해내야 한다는 생각에 많은 업무를 맡은 것이 큰 스트레스였다. 아무래도 이러한 스트레스가 쌓이다 보니 나도 모르게 우울증이라는 것이 왔다. 그 당시엔 왜 우울증이 왔는지 몰랐다. 그냥 갑자기 찾아온 것이라 여겼는데, 지금 보니 내가 담당하고 있던 일들이 참 많기는 했던 것 같다. 속에는 스트레스가 쌓이지만, 겉으로는 표현을 잘하지 못하고 혼자 끙끙대었기 때문에 결국 마음의 병을 얻었다.

행복한 삶을 위해 무엇을 해야 할까 고심하던 중 나는 '코칭'이라는 것을 알게 되었다. 스트레스가 쌓이기 시작하면서 좀 더 나은 나의 인생을 위해 여러 가지 책을 읽기 시작했는데 그 당시 읽은 책은 폴정이 지은 『폴정의 코칭설명서』, 『바라보면 가슴뛰는 것들』이었다. 그래서 자연스레 이 책에서 제시하는 '코칭'이라는 것에 관심이 생겼던 것이다.

코칭은 기본적으로 인간은 모든 문제의 답을 알고 있다는 것을 전제로 한다. 그래서 코치는 고객이 스스로 자신의 독특한 존재가치를 깨닫게 하여 그 가치를 최적으로 발휘하며 살도록 격려하는 진정한 동반자의 역할을 한다.

『폴정의 코칭설명서』에는 코칭의 기술이 상세히 나와 있어서 읽으면서 나에게 적용해 볼 수 있었다. 그리고 질문의 예시들도 많아서 스스로 그 질문에 답을 하면서 내 안의 생각들을 끄집어내어, 내가 가진 문제를 해결하기 위한 목표를 설정하고 목표 달성을 위한 행동지침들을 적어 나갔다. 내가 스스로 결정한 일이기에 실행에 옮기기도 쉬웠다.

『바라보면 가슴 뛰는 것들』에는 코칭기법을 활용한 나만의 인생 설계법을 이야기해 준다. 특별히 코치가 없더라도 각 장에서 실행 매뉴얼이 제시되어 스스로 그 질문에 답을 하며 자신의 인생을 설계할 수 있다.

책에서 제시하는 소명을 찾는 질문 5가지를 소개한다.

1. 무엇이 내 가슴을 뛰게 하는가?
2. 무엇을 할 때 시간 가는 줄 모르고 재미있는가?
3. 무슨 이야기를 들을 때 귀가 솔깃한가?
4. 누가 시키지 않아도 스스로 열심히 할 수 있는 일이 무엇인가?
5. 언제 스스로가 대견하고 자랑스러웠나?

제시된 질문에 대한 답을 스스로 생각해 보면서 자신의 인생 소명을 찾는 데 도움이 되길 바란다.

코칭은 질문에 답을 계속 이어 나간다. 그리고 코칭 질문을 통해 '나'를 돌아보게 되고 자신의 인생 소명과 목표를 찾을 수 있게 된다. 그렇게 코치는 고객이 자신의 강점과 약점을 파악하고, 그에 맞게 자신의 삶을 살 수 있도록 질문을 통해 답을 스스로 찾을 수 있게 도와주는 역할이다.

이렇게 코칭에 관심을 가지고 있을 때 인터넷에서 우연히 '드림메디컬코치양성과정' 모집 공고를 보게 되었고 무언가에 이끌리듯 수강 신청을 했다. 나도 드디어 코치가 될 수 있다는 생각에 흥분될 정도였다.

'내가 우리 부서와 병원 직원들의 모든 잠재력을 다 발휘할 수 있게 해 주리라!'

원대한 꿈을 품고 과정에 임했다.

나는 이미 코칭 관련 책을 읽어서 내용을 따라가는데 어려움이 없었다. 더욱이 병원이라는 의료기관에 특수화된 코칭이라서 더 재미있었다. 코치님들의 병원 직원 코칭사례를 들으며 감탄을 연발하기도 하고 달라질 우리 병원과 부서를 떠올리기도 했다. 의욕 없이 일하던 행정직원이 꾸준한 코칭을 통해 표정도 밝아지고 달라진 태도로 일을 하게 되었다는 사례를 들으며 코칭이란 것이 참 대단한 것이구나 생각했다.

그런데 막상 현실에 와서 코칭을 적용하려고 하니 쉽지가 않았다. 당장 무엇부터 해야 할지, 누구에게 해야 할지 고민을 하다 나에게 먼저 코칭을 해야겠다고 마음먹었다. 나부터 달라져야 내가 일하는 곳도 달라지지 않을까라는 생각에서였다. 그리고 그러한 분위기 속에 부서원들도 함께 변화될 것이라는 작은 기대감도 생겼다. 나에게 적용한 코칭은 메디컬코치 과정에서 배운 질문들을 나에게 먼저 던져 보는 것이었다. 일의 목적이 무엇인지, 어떤 일을 할 때 내가 가장 행복감을 느끼는지, 반대로 어떤 일을 할 때 가장 스트레스를 받는지 등의 답을 생각해 보고 종이에 적기도 했다. 하지만 시간이 흐르면서 열정이 식었고, 서서히 코칭에 대한 생각도 잊게 되었다.

하지만 지나고 보니 내가 책을 읽고, 책을 쓰면서 했던 드림보드를 만드는 과정이 코칭 과정과 비슷했다. 미래를 직접 그려 보기 위해서는 나에 대한 충분한 이해를 바탕으로 해야 한다. 나를 이해한다는 것은 문제에 대한 해답을 내 안에서 찾는 코칭과 같은 맥락이다. 내가 무엇을 원하는지, 어떤 삶을 살기 원하는지 알아야 인생의 목표를 설정할 수 있다. 더 나아가 내가 원하는 인생을 살기 위한 실행목록을 작성할 수 있고 하루하루 실행해 나갈 수 있다. 결국 드림보드의 목적도 코칭의 목적도 지금보다 더 나은 삶, 내가 꿈꾸는 삶을 살기 위해 현재를 어떻게 살아갈 것인가를 생각하고 실천하는 것에서는 같다고 볼 수 있다.

결국 나는 그때 포기한 줄 알았던 '코치의 삶'을 지금도 살고 있다. 내 삶에도 그리고 더 나아가 나의 책을 읽는 독자들에게도 말이다.

사직서를 쓰기 전에 책을 썼다

"아니, 어떻게 책을 쓰셨어요?"

"너무 대단하세요."

개인 저서가 출간된 후, 주변 사람들의 반응이었다. 마치 나를 대단한 사람인 것처럼 대우해 주는 것에 기분이 나쁘지는 않았지만, 다소 부담스러웠다. 사실, 내가 대단한 필력을 가지고 있어서 책을 쓴 것도 아니고, 어릴 적부터 책을 많이 읽거나 글쓰기에 재능이 있었던 것도 아니다. 오히려 책이나 글쓰기가 싫어서 이과를 선택했던 사람이다. 내가 책을 쓸 수 있었던 것은 오직 하나, 나의 이야기를 나누고 싶은 욕망에서 시작되었다.

올해로 결혼한 지 어언 4년 차다. 이것은 곧 병원을 퇴사한 지도 4년쯤 되었다는 뜻이다. 나는 결혼 후 6개월이 지나서 사직서를 썼다. 이렇게 이야기만 들으면 결혼을 했기에 병원을 퇴사했다고 생각할 수도 있겠지만 그것과는 상관없이 결혼 후 한 달 만에 책 쓰기를 결심하고 초고가 완성되고 출판사와 계약이 성사되면서 사직을 감행했다. 지금 다시 생각하면 참 이해가 안 되는 스토리이지만 그 당시엔 뚜렷한 목표가 있었고 내 의지가 아주 강했다.

결혼식을 마친 후 발리로 신혼여행을 떠났다. 해외여행의 경험이 많지 않은 부부였기에 신혼여행과 해외여행이라는 것에 큰 기대감을 가지게 되었다. 동남아 신혼여행 특성상 휴양 위주였지만 발리는 휴양과 관광이 적절하게 섞인 최상의 여행이었다. 독립된 풀 빌라에서 아침을 맞이하며 요리사가 직접 요리해 주는 아침을 먹을 수 있었고 따스한 햇살을 맞으며 침실 바로 앞 수영장에서 모닝 수영도 즐길 수 있었다. 그렇게 영화 속에서나 보던 호화스러운 삶을 즐기다 보니 남편이 문득 지나가듯 "우리 신혼여행의 이야기를 소설로 쓰고 싶다. 너무 재미있을 것 같다. 그리고 이 추억을 간직하고 싶어."라고 이야기했다. 그 한마디가 나의 인생에 커다란 변화를 가져다줄지는 그땐 미처 상상도 하지 못했다. 한 편의 소설 같은 이야기를 가지고 짧지만 깊은 여운을 남긴 신혼여행을 마치고 현실로 돌아왔다.

평범한 일상으로 돌아온 후로는 신혼여행의 대화도 잊혀져 갔다. 병원 근무를 마치고 늘 그랬듯이 서점으로 향했다. 수많은 책 속에서 『직장인, 3개월만 책 쓰기에 미쳐라』라는 책이 나의 눈에 꽂혔다. 꾸준히 책을 읽다 보니 자연스럽게 책을 쓰고 싶다는 작은 꿈을 가슴에 품게 되어 그 제목에 마음을 빼앗겨 버린 듯하다. 또한 책을 쓰고 싶다고 했던 남편의 말이 떠올라 아무런 고민도 없이 구매했다. 그리고 그날 남편에게 선물로 주었다.

하지만 하루 이틀이 지나도 그 책은 계속 테이블 위에 놓여만 있었다. 아무래도 남편이 빨리 읽을 것 같지 않아서 내가 먼저 읽어야겠다는 생각에 그 자리에서 책을 펴고 단숨에 읽어 나갔다. 책을 읽으면서 책 쓰기에 대한 열정의 불씨가 타오르기 시작했다. 그리고 인터넷 검색을 하며 책 쓰기에 대한 정보를 모았다. 그러면서 일일특강에도 참석해 보고 책 쓰기에 대한 열정을 완전히 불태웠다. 거기에 책 쓰기 학교 수강 등록까지 하기에 이르렀다. 열정적인 나의 모습에 남편도 책 쓰는 모든 과정에 동의해 주었고 매주 토요일마다 새벽에 일어나 동대구역으로 나를 데려다주었다. 주말의

늦잠을 포기하면서 나의 꿈을 응원해 준 남편이 있었기에 나의 책이 나올 수 있었다 해도 과언이 아니다.

책 쓰기를 결심하자마자 그동안 마음에 품어 왔던 나의 신규간호사 시절의 이야기를 써야겠다고 마음먹었다. 나의 신규 시절, 평범하지만은 않은 이야기들을 간호사들에게 꼭 들려주고 싶었기 때문이다. 나 역시 힘든 신규 때, 다른 간호사들의 이야기가 궁금했고 위로받고 싶었다. 그래서 지금도 어딘가에서 힘들어하고 있을 간호사들을 위해 나의 이야기를 나누고자 마음을 먹었다. 이미 포기를 한 간호사들에게는 다시 일어설 용기를 주고 싶기도 했다. 겁도 많고 유리 멘탈인 나도 포기했었지만 다시 도전하여 해내었다는 것을 알려 주고 싶었다.

그렇게 목표를 세우고 차근히 목차와 꼭지들을 만들어 갔고, 두 달 만에 한 권의 책이 완성되었다. 마음을 먹으니 목차가 완성된 후 한 달 만에 초고를 쓰게 된 것이다. 물론 초고이다. 그 후에 최소 다섯 번의 퇴고

가 기다리고 있었지만 초고 완성의 기쁨은 이루 말할 수 없었다. 해내었다는 성취감 말이다.

더 놀라운 것은 내가 지금껏 경험한 간호사라는 직업에 감사함이 생겼다. 일하는 동안에는 그저 힘들다고만 생각했었는데, 막상 겪은 일들을 글로 쓰면서 힘든 것보다 오래도록 기억하고 싶고 즐거웠던 기억들이 훨씬 더 많다는 것을 알게 되었다.

나아가 더 큰 꿈을 가지게 되었다. 책을 쓰기 위해

모인 스터디 모임에서 다양한 사람들과 만나고 이야기를 나누다 보니 시야가 넓어져 간호사 너머의 꿈을 꾸기 시작했다. 간호사로 일하면서도 늘 새로움을 좇았고 다양한 경험을 하고 싶어 했던 나였기에 어쩌면 당연한 일이었을지도 모른다. 꾸준히 책을 쓰고 강연을 하면서 간호사들에게 동기를 부여해 주는 '간호사들을 위한 간호사의 삶'을 그리게 된 것이다. 그동안의 나의 경험을 융합해 간호사들에게 취미생활을 통해 스트레스를 해소하게 해 주며, 책 쓰기와 독서로 자신의 시야를 넓히고 간호사들의 이야기를 나눌 수 있는 장을 마련해 주고 싶었다.

그렇게 또 다른 꿈을 위해 병원에 사직서를 제출하고 나만의 일을 준비하기 시작했다. 강연을 위한 강연법과 블로그 마케팅에 대해 배우며 나를 한 단계 더 발전시켰다. 그리고 다양한 프로그램을 구상하고 준비했다. 내가 참여했던 독서프로그램을 벤치마킹하여 나만의 커리큘럼을 만들었고 강연 준비를 위해 PPT도 제작했다. 그러면서 나의 프로그램으로 문화센터에 강사 신청을 하기도 했지만 아쉽게도 나에게는 기회가 오지 않았다.

이러한 과정에서 천연비누와 캔들 만들기로 수입을 낼 수 있는 기회가 주어졌다. 내가 만든 캔들을 홈페이지에 직접 홍보해 주신 지인 덕분에 2주 만에 병원에서 받은 월급만큼의 수익이 있었다. 하지만 갑자기 밀려온 주문 덕분에 밤잠은 포기해야 했다.

시간이 흐르면서 조금씩 개인별 코칭 문의가 와서 메일이나 전화 등으로 간단한 코칭을 했고, 본인 의사에 따라서 만나서 코칭을 진행하기도 했다. 간호사가 되고 싶어하는 학생들도 있었으며, 간호사로 일을 하다가 힘들어서 그만두고 다른 일을 찾는 간호사도 있었다. 나를 만나 자신이 가지고 있던 문제 해결의 실마리를 찾고 웃으며 가는 뒷모습을 보니 뿌듯했다.

결국, '책 쓰기'라는 작은 행동을 시작으로 간호사를 위한 간호사를 꿈꾸며 더 넓은 세상을 바라보게 되었다. 또한 간호사라는 직업을 더 사랑하게 되었다. 그래서 나는 3년 차 정도의 간호사에게 책 쓰기를 권한다. 3년 차가 되면 자신의 부서에서 하는 일들에 익숙해지고 슬럼프가 오기도 한다. 이 시기에 자신이 경험한 3년의 간호사 생활을 글로 써 본다면 후배간호사들에게 도움이 되는 이야기가 될 것이고, 자신에게는 지난 시간들을 정리하고 간호사의 삶을 감사하게 되는 경험이 될 것이다.

혹시 지금 사직서를 쓸까, 말까 망설이고 있다면, 먼저 책을 써 보라고 권하고 싶다. 책을 쓴 다음에도 그만두고 싶다면 그때 사직서를 써도 늦지 않다.

어쩌면 당신도 나처럼 책을 쓰는 동안 간호사라는 직업을 더 사랑하게 될지도 모른다.

책으로 바뀐 내 인생

오늘도 어김없이 퇴근 후, 서점으로 향했다.

그곳에서 누군가가 기다리는 것도 아니고, 무언가를 사겠다는 마음이 있는 것도 아니다. 그저 아무 생각 없이, 퇴근 후에 아무런 약속이 없다면, 습관처럼 무조건 서점으로 달려간다. 그곳은 마치 나의 제2의 집 같은 곳이다.

새롭게 도전한 대학병원에서 어떻게든 1년은 버텨 보겠다는 마음으로 힘든 일이 생길 때마다 서점에 가서 마음을 달랬다. 구석에서 울기도 했고, 아무 생각 없이 책장 사이를 거닐기도 했다. 그러다 보면 어느새 마음이 정화되고 거친 파도가 일던 마음속 바다가 잠잠해지곤 했다.

그렇게 나의 서점 사랑은 시작되었다. 그것은 불과 8년 전이다. 병원 생활에서 서점은 나의 도피처였다. 퇴근 시간이 다가오면 서점에 갈 생각에 설렐 정도였다. 서점에 잘생긴 알바생이 있었던 것도 아니고, 맛있는 디저트를 주는 것도 아니었다. 뭔지 모를 서점의 분위기가 내 마음을 편안하게 만들어 주었고, 그 느낌이 좋아 계속 찾게 되었다. 환한 조명과 어디선가 들어 본 듯한 배경음악 그리고 수많은 예쁜 책들이 나의 기분을 좋게 만들었다. 처음에는 무작정 서점에 들어서서

베스트셀러 칸부터 찬찬히 훑어본다. 그러다가 괜히 마음에 드는 문구나 예쁜 표지의 책들은 꺼내서 뒤적뒤적 내용을 읽어 보기도 했다. 그 순간 내 마음에 와 닿는 부분이 있으면 앉아서 오래도록 읽기도 했다. 그렇게 책과 조금씩 친해졌다. 소장의 가치가 있다고 생각되면 사 와서 읽기도 하고 마음에 드는 문구는 적어 오기도 하면서 책 읽는 즐거움을 알아가게 되었다.

내시경실에서 처음으로 ERCP를 배우면서 우는 날이 늘던 무렵에는 그만큼 서점에 가는 날도 많아졌다. 내시경실에 발령났다고 좋아했던 것을 후회할 정도였고, 병동 원티드를 할 것인가 한참 고민하던 시기였기 때문이다. 그만큼 새로운 시술을 배운다는 것은 힘들었다. 눈에 보이지 않는 담관의 담석을 제거하는 시술에서 오직 내 눈에 보이는 것은 담관조영술 화면인 시커먼 화면이었다. 그리고 교수님의 오더에 따라서 시술기구를 조작해야 했으나 나는 그 당시 지금 어떤 시술이 이루어지고 있는지 감도 오지 않는 초짜 어시스트였기에 교수님의 짧은 한마디를 제대로 이해하지 못해 실수하기 일쑤였다. 'stop'이라고 외치는 말을 들으면서 가이드 와이어를 빼 버리기도 했다. 그 당시엔 stop을 빼라는 의미로 생각했던 것 같다. 아, 정말 지금 생각해도 끔찍하다. 어렵게 담관에 넣은 가이드 와이어를 이제 그만 넣으라고 stop을 외치신 건데, 어이없게 빼 버리다니. "왜 자꾸 빼!"라고 화를 내시는 교수님 앞에서 아무 말도 못하고 속으로,

'저도 잘 모르겠어요. 제가 왜 이럴까요.'
라고 말하고 있었다.

잘하고 싶은데 자꾸 실수를 반복하니 혼나는 것보다 나 자신에게 더 화가 나고 속상했다. 그런 날에는 퇴근 후, 도저히 이 기분으로는 집으로 갈 수 없을 것만 같아 서점 앞 로비에서 친한 친구에게 전화를 했다. 그리고는 친구가 받자마자 눈물이 나서 한참을 한마디도 못하고 의미 없는 '응'만 계속 반복하기도 했다. 같

은 병원에서 근무하던 간호사 친구였기에 친구도 일하면서 힘들었던 이야기를 쏟아 내었다. 함께 공감할 친구가 있다는 것에 참 위로가 되었다. 그리고 어느새 눈물이 그치고 나도 모르게 친구를 위로하고 있었다.

"괜찮아, 너 잘하고 있어. 지금은 일이 서툴러서 그래. 우리 힘내자."

그렇게 전화 한 통으로 마음에 담아 둔 속상한 마음을 눈물로 빼내어 버렸다. 그렇게 조금 진정이 되고 나면 서점에 들어가서 책 속의 위로 글들로 마음을 채웠다. 에세이는 제목만 읽어도 위로가 되는 책들이 많아서 그냥 그 주변만 한 바퀴 돌아도 저절로 기분이 정화되었다. 책의 위로를 통해 마음이 안정을 찾으면 즐거운 마음으로 집으로 들어갔다. 다시 도전한 병원 생활인만큼 엄마에게는 잘하고 있는 씩씩한 모습만을 보여드리고 싶었기 때문이다. 그래서 신규 때처럼 집에서 울거나 힘들어하는 모습을 최대한 보이지 않으려

노력했다. 그래서 서점이 나에겐 절대적으로 필요한 공간이었다. 내 힘듦을 씻고 올 수 있는 나만의 아지트 같은 곳.

서점을 자주 드나들다 보니 자연스럽게 책을 읽게 되고 사게 되었다. 그리고 책을 읽고 나면 작가와 대화를 한 기분이 들어서 특히 에세이를 많이 읽었다. 에세이는 대부분 작가의 삶이 그대로 담겨 있어서 한 사람을 만나고 온 기분이 들었고, 그 사람의 삶을 통한 간접경험으로 배우는 부분들이 많았다. 그리고 병원 생활에 조금씩 적응하면서 자기계발서를 읽으며 하루를 더 알차게 보내는 방법을 연구했다. 아침형 인간이 유행할 때는 어떻게 아침에 일찍 일어날 수 있을지 고민하여 시간 관리 관련 책들을 찾아 읽었고, 꼭 하나씩은 책에 나오는 내용을 따라 해 보곤 했다.

그렇게 책 읽기의 워밍업을 익히고 난 후, 책 쓰기를 결심하면서 폭발적으로 독서량이 늘어났다. 책을 쓰기 위해 그만큼 읽어야 했기 때문이다. 가장 많이 읽었을 때는 매일 1권씩 읽을 때도 있었다. 인풋이 있어야 아웃풋이 있듯이 책을 쓰기 위해 마구잡이로 읽었다. 목표 의식이 있었기에 책도 잘 읽혔고, 책을 읽다 보니 속도도 빨라졌다. 그 재미에 계속 책을 손에서 놓지 않았다. 심할 때는 버스정류장에서 서서 책을 읽기도 했다. 책의 내용이 궁금해서 미칠 것 같았기 때문이다. 버스 안에서는 멀미가 나서 책을 읽지는 못하고 오디오북을 들으면서 책 읽기를 대신했다.

그러한 나의 모습에 남편도 영향을 받아 우리는 독서데이트를 하게 되었다. 주말이면 책을 한 권씩 가지고 카페에 가서 책 읽기를 즐겼고 그 자리에서 느낀 점을 서로 나누며 대화를 했다. 다양한 책의 주제로 대화를 나누다 보니 평소에는 이야기해 볼 수 없던 새로운 생각들을 알게 되는 좋은 시간이 되었다. 그래서 지금도 후배들에게 독서데이트를 추천한다. 상대방을 잘 알 수 있게 되는 방법이라고 생각해서이다. 그리고 대화가 뜸해지는 부부에게도 추천하는 데이트이다.

독서의 효과는 시고의 폭이 넓어진다는 것이다. 책 속에는 다양한 생각들이 담겨 있어서 내가 평소에 하지 못했던 생각들을 끄집어내 준다. 그리고 소설 속의 주인공들이 겪는 시행착오를 간접경험하면서 나의 삶에도 영향을 주게 된다. 그렇게 책을 읽으면서 좋은 것은 다른 사람을 이해하게 된다는 것이다. '아, 세상에는 이렇게 생각하는 사람도 있구나.' 그렇게 조금 유연한 사고를 할 수 있게 된다.

내가 지금 학교에서 만나는 학생들도 참 다양하다. 나의 상식으로 이해되지 않는 행동을 하는 학생들이 있지만 나는 책을 읽으면서 겉으로 보이는 것이 전부가 아니라는 것을 알았기에 그들의 생각을 이해하고 존중하고자 노력한다. 유명한 과학자들도 학교에서는 문제아였지만 지금은 커다란 업적을 이룬 과학자로 남아 있다. 그렇기에 지금 이 학생들이 학교에서는 빛을 발하지 못하더라도 분명 세상에서는 자신이 잘하는 분야에서 빛을 발할 것이라고 믿는다.

책이라는 것이 이렇듯 나에게 많은 변화를 안겨다 주었다. 비록 학창시절에는 글을 읽거나 쓰는 게 싫어서 이과를 선택했었지만, 지금은 책을 읽고 쓰는 게 좋다. 이 일을 평생 하고 싶어졌으니 이 정도면 대단한 변화이지 않은가. 그리고 이렇게 두 번째 저서까지 쓰고 있다.

이제는 나의 생각을 글로써 나누고 사람들에게 감동과 위로를 전하고 싶다.

하고 싶은 게 많은 다능인입니다

나는 가끔 주변 사람들로부터 독특하다는 말을 듣는다. 내가 생각해도 평범하지 않은 사람임은 확실하다.

어릴 때는 학교에서는 선생님 말씀을 잘 듣고, 집에서는 부모님 말씀을 잘 듣는 그저 착한 아이였다. 그래서 무난한 학창시절을 보냈다. 그때는 그저 부모님의 꿈이 나의 꿈이었고 그래서 누구나 되고 싶어 하는 교사라는 꿈을 꾸었고, 안정적인 삶을 기대했다. 하지만 성인이 되고 나서 나는 조금씩 변화하기 시작했다. 내 안의 또 다른 꿈틀거림이 있었기 때문이다. 그 징조는 고3 때 나타났다.

남들은 열심히 공부해야 할 고3 때, 뮤지컬배우라는 새로운 직업에 흥미가 생겨 꿈을 바꾸겠다고 선언한 것이다. 지금까지 나의 성격은 남들 앞에 나서지도 못하고 춤이나 노래, 연기 등은 제대로 배워 본 적도 없었다. 다만 교회 수련회에서 뮤지컬을 보고, 어렵고 딱딱한 성경의 이야기를 재미있는 뮤지컬로 표현하는 것에 매료되어 그 일을 하겠다고 갑자기 마음을 먹은 것이다. 지금도 어떻게 그런 용기가 생겼는지는 모르겠다. 갑자기, 그것도 고3 때 꿈을 바꾸겠다고 하니 부모님은 놀라셨고 나를 설득하셨다. 오랜 설득 끝에 결국 나는 대학생이 되어서 내가 하고 싶은 것을 하겠다고 말씀드리고 뮤지컬배우 사건은 마무리지을 수 있었다.

시간이 흘러 대학생이 되었고, 학업에, 실습에 바쁜 일정으로 뮤지컬배우라는 단어는 까맣게 잊고 지냈다. 그리고 간호사가 되어 사회생활을 시작하자, 내 안의 또 다른 자아들이 꿈틀거리기 시작했다. 성인이 되어서야 내가 하고 싶은 게 이렇게나 많은 사람인지 처음 알게 되었다.

가장 먼저 아로마테라피를 배웠다. 대학 시절부터 대체 요법에 관심이 많아서 수지침과 아로마테라피를 배웠는데, 아로마테라피는 교양으로 배우면서 더 깊이 배우고 싶다는 생각을 했다. 특히, 환사들에게 고통스러운 치료방법만 제공하는 것이 아니라 아프지 않게 치료에 도움이 되는 방법들을 함께 알려 주고 싶었다. 그렇게 배우기 시작한 아로마테라피가 천연비누와 디자인 비누까지 이어졌다. 그러다 보니 비누와 관련된 캔들과 석고 방향제까지 만드는 방법을 배울 수 있게 되었다. 그러면서 노후에 공방 카페를 운영하면서 현대인들에게 스트레스 해소할 수 있는 공간을 만들고 싶다는 꿈도 꾸게 되었다.

그 후, 책을 쓰고 싶어서 장거리임에도 불구하고 먼 곳까지 책 쓰기를 배우러 다녔다. 그 과정에서 독서 지도사 자격증까지 취득하게 되었다. 책 쓰기 기술은 한 번 배우면 평생 써먹을 수 있는 기술이라고 생각하여 과감하게 투자하였고, 지금까지 잘 사용하고 있다. 물론 앞으로 계속 책을 읽고, 책을 쓸 생각이다.

여기에 또 하나, 드디어 뮤지컬배우라는 꿈도 이룰 수 있게 되었다. '문화선교단'이라는 단체를 통해서이다. '간절히 원하면 이루어진다'는 말은 이런 경우에 할 수 있는 말일 것이다. 고등학생 이후, 대구에도 뮤지컬을 하는 단체가 만들어졌으면 좋겠다는 생각을 품고 기도를 했는데, 드디어 그 단체가 설립되었기 때문이다. 그리고 오디션을 통해 단원이 되었다. 그리하여 결국 2011년, 나의 첫 뮤지컬 무대의 막이 올랐다. 많이 부족하고 무대 울렁증이 있었지만, 무대에 설 수 있다는 것만으로 행복했다. 그 당시엔 대학병원에서 근무

중이라 일이 끝나면 연습실로 달려가곤 했는데, 그 과정이 전혀 힘들게 느껴지지 않았다. 하고 싶었던 뮤지컬이었기에 몸은 힘들었지만, 기분은 정말 즐거웠기 때문이다. 첫 무대는 '드디어 내가 뮤지컬 무대에 서 보는구나.'라는 벅찬 감동을 가지고 끝낼 수 있었다. 하지만 미숙한 부분이 많아서 아쉬움도 많았다. 특히, 무대 울렁증이 있어서 연습할 때만큼의 기량을 펼치지 못한 것이다. 그렇지만 내가 꿈꾸던 무대에 섰다는 자체만으로 감사할 수 있었다.

그리고 2년 전, 두 번째 뮤지컬 무대에 올랐다. 이번에는 7년이라는 세월 덕분에 실력도 향상되었는지 주인공을 맡았고, 기대 이상의 연기를 보일 수 있었다. 연기, 노래에 모두 칭찬을 받으면서 자신감도 향상되었다. 물론 무대에 오르기 전, 연습하는 기간에는 포기하고 싶을 정도로 힘들고 지쳤었다. 대사가 많아 공연을 일주일 앞두고서야 겨우 다 외울 수 있었기에 무대에 서기 전부터 잘할 수 있을지에 대한 의문이 생겼고, 연습이 제대로 안 된 것 같아서 자신감이 떨어지기도 했다. 하지만 내가 어릴 때 꿈꾸었던 일이기에 끝까지 최선을 다했고, 좋은 결과를 얻을 수 있었다.

이렇듯 나는 하고 싶은 게 많고 하고 싶은 것은 무조건 해 봐야 하는 성격을 가지고 있다. 앞으로도 관심이 생기는 분야가 있다면 분명히 도전할 것이고, 이직을 감행할 수도 있다. 한 번뿐인 인생이니 내가 하고 싶은 것은 다 해 보고 싶다. 그리고 나는 다양한 경험을 하는 것이 즐겁다. 평생 한 가지 일만을 하고 싶지는 않다.

얼마 전에 에밀리 와프닉이 지은 『모든 것이 되는 법』이라는 책을 읽고 더더욱 나의 이런 생활 패턴을 고수하게 되었다.

「유난히 관심사가 많고 호기심이 강한 사람들, 다재다능하고 열정도 많지만 크게 이뤄 놓은 것은 없고, 천직을 찾아 헤매지만 한 가지만 파기엔 하고 싶은 게 너무 많은 사람들」

「하고 싶은 게 너무 많아 뭘 택해야 할지 모르겠다고?

관심사가 자꾸 바뀌어 이룬 게 없는 것 같다고? 걱정 마라. 이제 당신 같은 사람들의 시대가 온다!」

책을 읽으며 나의 이러한 성향을 더 사랑하고 감사하게 되었다. 그리고 이 세상에 이러한 사람들이 많이 있음에 또 놀랐다. 책에서는 이러한 사람들을 '다능인'이라고 불렀다. 다능인이 가지고 있는 통합력과 빠른 습득력, 적응력이야말로 변화하는 사회가 가장 원하는 재능이라고 했다. 앞으로 사회는 나 같은 사람을 원할 것이라는 생각에 기대감이 생겼다.

나의 비전은 사람들에게 선한 영향력을 끼치는 것이다. 더 나아가 사람들이 꿈을 찾을 수 있게 도와주고 감동과 위로를 주는 일을 하고 싶다. 그 일을 함에 있어 도구로 쓰이는 직업은 어떤 것이든 상관없다. 아니, 모든 직업들을 아우르는 일을 하고 싶다. '꿈을 간호하는 간호사'라는 이름으로 말이다. 간호사라는 직업도 환자들이 자신의 꿈을 이룰 수 있게 건강을 되찾아 주는 일이라고 생각한다. 뮤지컬을 통해서는 감동적인 스토리로 사람들의 마음을 울릴 수 있고, 학교에서는 아이들이 자신의 꿈을 발견하고 올바른 사회인이 될 수 있도록 도움을 줄 수 있다. 그렇기에 지금 주어진 일에 최선을 다할 것이다. 그리고 환자를 간호하는 간호사들과 소통하며 그들의 삶을 간호해 줄 수 있는 간호사를 위한 간호사의 삶을 꿈꾸고 있다.

익숙한 것들과 결별해야 기회가 보인다

사람의 뇌는 새로운 것에 자극을 받는다. 그리고 뇌는 그렇게 계속적인 자극을 받아야 활성화된다.

하지만 사람들은 새로운 것을 받아들이는 것을 두려워한다. 익숙하고 안정적인 것을 추구하며 익숙함

속에서 편안하게 살아가길 원한다. 그러나 성공한 사람들은 항상 새로운 것을 추구하며 살아왔다. 평범한 사람들이 미처 생각지 못한 부분들을 계속 생각하고 고민한 것이다. 그렇게 함으로써 그들은 커다란 성공을 이루며 최고의 자리를 지킬 수 있었다.

대학병원 내시경실에서 일할 때의 일이다. 회복실 일을 담당하던 나는 내시경 검사를 하기 위해 오는 환자들에게 진정수면약이 투여될 정맥 주사로를 확보하고 검사 준비를 하는 일을 했다. 검사 시에 주사약이 잘 들어가도록 주로 왼쪽 팔에 정맥주사를 놓았다. 거기에 너무 익숙해져 버린 나는 CT실에서 검사를 마치고 오른쪽 팔에 주삿바늘을 꽂고 오는 환자에게 왼쪽 팔에 또 정맥주사를 놓았다. 환자 역시 아무런 말이 없었기에 의심 없이 왼쪽 팔에 주사를 꽂고 준비를 마쳤는데 검사실로 들어가는 도중 나는 오른쪽 팔에 꽂혀 있는 주삿바늘을 발견했다. 정말 깜짝 놀랐다! 하지만 일단 검사를 시행해야 하기에 검사실로 환자를 안내했다. 검사가 끝난 후 회복실에서 안정을 취하던 환자에게 다가가 주삿바늘을 제거했다. 왼쪽과 오른쪽 양쪽 두 팔에 모두 바늘을 제거하자 환자는 불만을 토로하기 시작했다.

"바늘을 달고 왔는데 왜 또 꽂았어요? 이런 것도 확인하지 않고 주사를 놓으면 어떻게 합니까?"

"……."

나는 순간 말을 잇지 못했다.

'아, 진짜 왜 그걸 못 봤지.'

평소에는 주사를 꽂고 온 게 있는지 묻기도 하는데 이번에는 왜 빠뜨렸는지 정말 혼란스러웠다. 몇 초간의 혼란스러움이 지나가고 뒤늦게, "죄송합니다. 미처 확인을 못했습니다."라는 말을 하며 환자를 바깥으로 안내해 드렸다.

순간의 익숙함으로 인해 아차하는 순간에 이미 주사를 꽂고 온 환자에게 또 주사를 찌르는 실수를 저질렀다. 환자는 이미 CT를 찍으면서 한 번 주사에 찔렸다. 그리고 잘 유지된 주삿바늘은 다음 검사에 또 바늘을 찌르는 불편함을 줄이기 위해 바늘을 유지해서 온다. 분명 CT실에서 "바늘을 꽂고 가시면 내시경실에서는 또 바늘에 안 찔려도 됩니다."라는 설명을 듣고 왔을 텐데 또 찔렸다는 것이 아마도 환자에게 불편감과 불쾌감을 주었을 것이다. 이 사건을 통해 무엇이든 당연하게 생각하거나 익숙해지면 안 되겠다는 생각이 들었다.

그 이후에는 회복실에서 일을 할 땐 환자의 양쪽 팔을 모두 확인한다. 말로 물어보는 것은 물론이요, 팔에 주삿바늘이 있는지 눈으로나 손으로 만져 보아 확인한다. 일을 함에 있어서 익숙해진다는 것이 무섭다는 것을 깨달았다. 그래서 익숙함으로 인해 실수하지 않으려 처음부터 끝까지 하나하나 확인하고 점검한다.

이렇듯 익숙하다는 것은 가장 위험하다는 생각이 든다. 익숙함은 사람의 사고를 무디게 만든다. 그래서 나는 일상에서 작은 변화를 주어서 쉽게 익숙해져 버리지 않도록 한다. 가장 쉽게 할 수 있는 것은 바로 퇴근하는 길에 작은 변화를 주는 것이다. 버스를 타기도 하고, 조금 걷더라도 지하철을 타는 등의 다양한 방법으로 스스로에게 자극을 주는 것이다. 그렇게 매일 다른 길로 가다 보면 그동안 놓치고 있던 많은 부분들이 보인다.

버스도 어느 방향에 앉느냐에 따라 다른 길을 볼 수 있다. 그러면서 새로 생겨난 가게도 눈에 들어오고 때로는 길을 걷는 사람들을 보면서 자극을 받기도 한다. 그리고 지하철을 타게 되면 같은 칸에 앉은 사람들이나, 지하철을 타러 오는 사람들을 보면서 뇌는 자극을 받게 된다. 바쁘게 움직이는 사람, 앉아서 음악을 듣는 사람 그리고 책을 읽는 사람 등 사람들의 모습도 제각각인 것이다. 그리고 때로는 걷기도 한다. 거의 한 시간이 걸리는 거리이지만 가끔은 걸을 만하다. 걸을 때 가장 많은 자극을 받는다. 발로 걷는 것이 뇌를 가장 많이 자극하기 때문이다. 또한 길을 따라 걸으면 새로운 건물이 눈에 쉽게 들어오고, 낯선 길일 때에는 길을 잃을까 봐 긴장하고 주변을 자주 살피며 걷게 된다. 그러다 보면 생각지도 못한 예쁜 카페를 발견하기도 한다. 봄에는 길가에 핀 예쁜 꽃을 보면서 웃을 수 있는 여유도 누린다. 이렇게 삶에서도 때로는 익숙함을 벗어나야 새로운 기쁨을 맛볼 수 있다.

그렇다면 인생에서의 성공은 어떨까? 인생이라는 긴 여정 속에서도 우리는 익숙함에서 벗어나야만 기회를 찾을 수 있다.

우리 주변을 둘러보자. 나는 간호사이기에 주변에는 간호사들이 많다. 그래서 주로 병원에서 일하는 경우가 대부분이다. 하지만 이러한 우리의 익숙한 생각을 벗으면 또 다른 길이 보인다. '간호사는 반드시 병원에서 일해야만 하는가?'라는 질문을 해 보자. 그 질문에 '아니오.'라는 답을 하고 세상을 보면 또 다른 길들이 보일 것이다.

이러한 생각을 하면서 나는 또 다른 의문이 떠올랐다. 바로 '이러한 간호사들을 위한 간호사는 없는가?' 하는 것이다. 그러면서 다른 사람의 건강과 생명을 위해 자신을 희생하는 간호사들을 위한 간호사를 꿈꾸기 시작했다. 힘들어하는 간호사들에게 힘을 줄 수 있다면 정말 가슴 벅찬 일이 될 것 같았기 때문이다. 그리하여 나의 첫 개인 저서가 출간되었고 그 책 덕분에 간호사를 꿈꾸는 고등학생에서부터 대학생 그리고 신규간호사 또는 경력단절 간호사까지 다양한 독자들과 소통할 수 있게 되었다.

이러한 결과는 모두 내가 새로운 기회를 찾았으며 또한 잡았기 때문이다. 대학병원에서 일하는 간호사에만 머무르지 않고 새로운 삶을 찾기 시작하자 이렇게 새로운 기회가 찾아와 또 다른 삶을 살아가고 있다.

기회는 당신의 삶 가운데 어디에나 있다. 다만 당신이 찾지 않아서 눈에 띄지 않는 것뿐이다. 이제는 익숙한 길을 떠나 낯선 길로 들어서 보라. 그러면 당신만을 위한 기회가 당신이 찾아 주기를 기다리고 있을 것이다.

익숙한 것들과 결별하고 당신만의 기회를 잡아라.

지금 만나는 사람이 미래를 결정한다

나의 주변에는 간호사 친구들이 대부분이다. 그래서 대화의 주제는 늘 병원 이야기나 결혼, 육아 이야기, 자신의 인생에 대한 한탄 등이다. 그러면서도 지금의 현실은 어쩔 수 없다고 생각하며 다시금 어제와 똑같이 살아가고 있다. 그래서 만남 이후에 기분은 그리 말끔하지 못한 적이 많았고 괜히 찜찜한 기분을 가지고 집으로 돌아오곤 했다. 하지만 나는 끊임없이 자기계발을 하면서 새로운 분야의 사람들을 많이 만났다. 그렇게 다양한 사람들을 만나면서 내가 얼마나 우물 안 개구리였는지도 알게 되었다.

비누를 배우러 경기도까지 갔을 때 만난 사람들 중 한 분은 평생교육원을 운영하시는 분이었다. 그분은 공예 분야의 다양한 교육과정을 만들고 평생교육원을 직접 설립하셨다. 그리고 유치원 교사의 교육을 맡고 있다고 하셨다. 평생교육원에 배우러 갈 생각만 했지 교육원을 직접 개원한다는 생각은 해 본 적도 없는 나에게 생각의 전환점이 되었다. 인생에 있어서 사람들을 다양하게 만나는 것도 사고의 전환이 된다는 것이 내 가슴을 뛰게 했다. 이제껏 생각지도 못했던 일을 생각해 보게 한다는 것은 그야말로 감탄을 자아내는 일이다. 나로 하여금 더 큰 꿈을 품게 하였고 그 일을 위해 현재에 더 충실하게 해 주었기 때문이다.

우리가 주변에서 크게 성공하는 사람을 보지 못한

것도 어쩌면 영향을 끼쳤을 것이다. 주변에서 성공한 사람을 본 적이 없으면 무언가 이루어질 것이라는 확신도 적어진다. 반대로 주변이 성공한 사람들로 넘친다면 누구나 성공할 수 있다고 생각하며 도전하고 노력할 것이다. 하지만 너무 소수의 사람들만 성공한 삶을 누리고 있기에 우리는 성공하는 사람은 소수의 타고난 사람일 것이라고 단정지어 버린다.

세계적인 성공학의 대가 브라이언 트레이시는 이렇게 말했다.

「최고가 되고 싶으면 최고에게 배워라. 독수리가 되고 싶으면 독수리 떼와 날아라.」

그렇다. 우리가 성공한 삶을 꿈꾼다면 성공한 사람들을 만나면 된다. 최고의 사람들과 어울리면 되는 것이다. 우리는 노력도 해 보지 않고 안 된다고 단정짓는다. 안된다고 말하기 전에 환경을 바꾸어 보자.

이렇게 직접 만나는 사람들이 인생에 어떠한 영향을 끼친다는 것을 깨달은 후부터는 나는 사람들에게 다양한 사람들을 만나라고 조언해 준다. 그리고 만날 수 없을 때는 책으로라도 도전을 받으라고 말한다. 그래서 나는 성공한 사람들의 성공스토리를 골라서 읽었다. 그러면서 스스로에게 할 수 있다는 자신감을 키우고 동기부여를 해 주었다. 성공스토리를 읽어 보면 하나같이 가난한 시절에도 가난을 탓하지 않고 오직 꿈만을 바라보며 끊임없이 노력하여 지금의 성공을 거두었다고 한다. 그 이야기를 읽으면서 나도 할 수 있다는 자신감이 생겼다. 그러면서 나도 꿈을 이룬 성공한 삶을 꿈꾸기 시작했다.

그래서 책 읽기 다음으로 시작한 것은 온라인 커뮤니티 활동이다. 자기계발을 하는 직장인들의 모임에 가입하여 활동하기 시작했다. 그곳에서 한국 사회에서 빠질 수 없는 영어 회화를 위한 다양한 조언들을 들었다. 특히 매주 주어지는 영어 듣기 미션을 수행하면서 어려움도 많았지만 모임을 이끄는 리더 언니에게 많이 배우게 되었다. 그러자 처음에는 들리지 않던 영어가 서서히 들리기 시작했다. 그리고 매일 5시 기상을 미션으로 서로 인증 사진을 보내고 잘할 수 있다며 응원하기도 했다. 이 모임은 스스로 자처해서 가입한 만큼 실천하지 못했을 때는 벌금도 주어졌다. 그래서 처음에는 나들 열심히 했지만 시간이 지나면서 그들의 열정은 서서히 식기도 했다. 나는 잘하지는 못해도 끝까지 미션에 동참하였다. 힘들 때는 힘들다고 하고 못할 땐 못하겠다고 하면서 솔직하게 미션수행에 임했던 것이다. 그랬더니 마침 대구에 일이 있어 오게 된 리더 언니가 나를 만나고 가겠다고 했다. 나에게 언니로서 인생의 조언도 해 주겠다는 것이었다. 그리하며 그 언니와 만났고 한 시간 가량 깊은 대화를 나누었다.

리더 언니가 영어 회화에 그토록 목숨을 걸었던 이유는 일찍이 직장생활을 시작하면서 영어를 못해서 많은 기회를 놓쳤기 때문이라고 했다. 그래서 그녀는 영어 공부의 필요성을 느끼고 스스로 독학을 시작했다.

중학생 교과서부터 펼쳐 놓고 문법과 회화까지 어린아이가 모국어를 처음 배우듯이 차근차근 공부했다. 지하철을 탈 때는 오디오로 영어를 들으면서 듣기연습을 하고 집에 와서는 들은 것을 적어 가면서 받아쓰기 공부까지 했다. 그렇게 시작한 영어 실력이 점차 쌓여서 지금은 외국인과의 대화가 전혀 두렵지 않다고 했다.

그러면서 한 가지 더 이야기한 것이 있다.

"우리나라 성인들이 영어를 못하는 것은 제대로 배운 적이 없기 때문이란다."

"예? 배운 적이 없다니요? 중학교 때부터 영어를 계속 공부했는데…."

"그것은 영어를 배운 것이 아니라 시험을 위한 영어를 주입식으로 외운 것뿐이야. 그렇기 때문에 성인들도 영어를 기초부터 다시 공부해야 해. 영어도 하나의 언어이기 때문에 어린아이들이 언어를 배우듯이 따라서 말하고, 듣고, 읽고, 쓰기의 방법으로 공부를 해야 하는 것이지."

"아, 그런가요? 그렇지만 중학생 때부터 배웠다는 생각에 영어를 처음부터 공부한다는 것은 쉽지가 않아요."

"그래. 우리나라 사람들이 영어를 잘하려면 일단 뻔뻔해져야 해. 자존심부터 버리고 뻔뻔하게 일단 입으로 내뱉고 봐야 하는 거지. 그렇지 않으면 절대 영어를 잘할 수 없어."

그렇게 리더 언니와의 대화를 통해 큰 충격을 받았다. 학교에서는 제대로 영어를 가르쳐 준 적이 없었다. 우리는 그저 시험을 위한 영어를 외운 것뿐이었다. 그런데 나는 영어를 배웠다고 생각을 하고 배웠음에도 영어를 못하는 것은 거기에 재능이 없기 때문이라고 생각했다. 하지만, 나보다 나이가 많은 언니가 독학으로 영어를 터득한 생생한 이야기를 들으면서 세상에는 못할 것은 없다는 생각이 들었다. 무엇이든 노력을 쏟아야 하는 것은 분명하다. 그녀는 아직도 열심히 배우고 있다. 귀농을 꿈꾸며 방송통신대학에서 농업 과학을 공부하고 있다. 인생은 끊임없는 공부라는 것을 나에게 일깨워 준 언니다. 그 후로 나는 꾸준히 배운다. 무언가 하고 싶은 것이 생기면 배울 수 있는 곳을 찾아보거나 책을 찾아 읽는다. 그렇게 인생을 배워나가고 있다.

사람을 만난다는 것은 이렇듯 큰 영향력을 가지고 있다. 내가 이 언니를 만나지 못했더라면 인생의 배움을 깨닫지 못했을 것이다. 그래서 우리는 만나는 사람이 중요하다. 우리의 꿈을 응원해 주고 긍정의 에너지를 주는 사람을 만나야 한다. 그런 건 꿈도 꾸지 말라고, 우리는 그저 평범하게 사는 게 최고라고 말하는 사람들과는 어울리지 않는 것이 좋다. 그들은 당신의 꿈에 전혀 도움을 주지 못한다.

그러므로 이제는 사람들을 제대로 만나야 한다. 당신은 분명 이루고 싶은 꿈이 있다. 그 꿈을 위해서라면 꿈에 도움이 되는 긍정적인 사람을 만나야 한다. 그래야만 당신의 20대 이후의 삶이 성공적인 삶으로 나아갈 것이다. 물론 지금 어울리는 사람이 당신의 삶에 대해 이런저런 조언을 해 줄 수 있다. 하지만 당신이 생각하는 것만큼 그들은 당신의 삶에 대해 크게 신경 쓰지 않는다. 또한 어떠한 해결책도 없다.

왜냐하면 그들은 당신만큼 간절한 꿈이 없을 뿐만 아니라 꿈을 이룬 경험이 없기 때문이다.

2장

병원에서 배운 인생철학

내일을 걱정하며 오늘을 보내지 말라

「우리가 하는 걱정의 40%는 절대 일어나지 않을 사건들에 대한 것이고, 30%는 이미 일어난 사건들, 22%는 사소한 사건들, 4%는 우리가 바꿀 수 없는 사건들에 대한 것이다. 나머지 4%만이 우리가 대처할 수 있는 진짜 사건이다.」

어니 J. 젤린스키의 『느리게 사는 즐거움』에 나오는 걱정에 대한 글이다.

세상에 걱정이 없는 사람이 있을까? 아마도 없을 것이다. 그래서 사람들은 이러한 걱정에 사로잡혀 잠을 못 자거나 식욕을 상실하고 때로는 우울감을 경험하기도 한다. 그렇게 사람들은 자신의 에너지를 빼앗기고 자신의 시간을 낭비한다. 하지만 더 이상 우리는 걱정을 하는 데에 에너지를 쏟으면 안 된다.

신규간호사 시절의 일이다. 매일매일 눈물을 흘리며 잠들곤 했다. 오늘의 실수를 곱씹으며 때로는 뜬눈으로 밤을 새운 적도 있다.

'내일 환자가 너무 많으면 어떡하지.'
'선생님들께 또 꾸중들으면 어떡하지.'

이렇게 사소한 걱정을 시작하니 걱정이 끝도 없이 펼

쳐지기 시작했다. 걱정이 걱정을 낳기 시작한 것이다. 그러다 어느새 아침이 찾아온 경우도 있었다. 또 휴일에도 병원 걱정에 제대로 쉬지 못했다. 출근해서 일할 생각에 걱정이 밀려왔다. 그렇게 많은 시간을 낭비했다. 결국 돌이킬 수 없을 만큼 걱정이 커져서 나에게 불안감으로 다가왔고 부정적인 생각으로 가득 차게 만들었다. 그래서 결국은 사직을 택하게 되었다. 사소한 작은 걱정이 점점 커지면서 아직 해 보지도 않은 일에 대한 걱정과 두려움으로 그 일을 하지 못하게 만든 것이다.

지금에 와서야 왜 그렇게 어리석게 걱정을 하면서 시간을 낭비했나 하는 아쉬운 생각이 든다. 하지만 그때는 오직 그 생각에 사로잡혀서 다른 생각은 전혀 하지 못했다. 그 시간에 차라리 공부하거나 더 잘할 방법을 궁리했더라면 조금 더 빨리 병동 생활에 적응했을 텐데 말이다. 그때 밤새도록 한 걱정은 해답이 없는 걱정이었다. 이렇게 우리가 하는 거의 모든 걱정에는 해답은 없다. 4%만이 우리가 대처할 수 있는 걱정이라고 하지 않는가.

나는 걱정이 많은 사람 중 한 사람이다. 그러나 걱정이 아무런 도움이 되지 않는다는 것을 깨닫고 나서는 걱정을 하면서 시간을 낭비하지 않으려 노력한다. 걱정을 하다 보면 스트레스도 쌓이고 저절로 병을 얻게 된다. 그렇기에 걱정에 많은 에너지를 쏟지 않으려고 의식적으로 노력한다.

하지만 살다 보면 걱정을 하게 되는 순간이 오기 마련이다. 그럴 때는 종이를 꺼내어 적어 본다. 머릿속으로 걱정만 하게 되면 정리가 되지 않고 오히려 혼란만 생긴다. 종이에 적어 봄으로써 스스로 생각을 정리할 수 있다. 손으로 적는 과정에서 생각이 정리되기도 하지만 적은 것을 눈으로 읽음으로 나의 걱정을 다시 객관적인 눈으로 볼 수 있게 된다. 그리고 나서는 그 옆에는 해결방안에 대해 적어 본다. 내가 해결할 수 있는 일인지, 도움이 필요한 것인지, 걱정해도 소용이 없는 것인지 등 스스로 적어 보면서 걱정에 대한 미련을 놓아 버릴 수 있게 된다.

아직 일어나지도 않은 일에 대한 걱정으로 현재의 시간을 흘려보내서는 안 된다. 더 나아가 오늘을 내일에 대한 걱정이 아닌 내일의 꿈을 위해 살아야 한다. 걱정은 또 다른 걱정을 낳으며 부정적인 생각에 사로잡히게 만든다. 그러한 부정적인 생각은 계속 부정적인 것들만 끌어당기게 된다. 그렇지만 꿈을 꾸면 꿈에 대한 생각들이 가득 차서 적극적인 생각과 행동을 부른다. 그러면 걱정을 하며 시간을 보내는 대신 꿈을 위한 행동을 하게 된다. 그렇게 되면 오늘 하루를 알차고 즐겁게 보낼 수 있다.

걱정은 그저 왔다 가는 부정적인 감정과 같은 것이다. 그렇기에 우리는 부정적인 생각으로부터 스스로를 지켜야 한다. 그러려면 긍정적인 생각을 하면 된다. 어두운 방을 밝히기 위해 불을 켜면 되는 것처럼 말이다.

아직 일어나지 않은 일에 대한 걱정을 버려라. 오늘은 오늘 일만 생각하라. 오늘의 시간은 두 번 다시 돌아오지 않는 귀중한 시간이다.

오늘은 오늘을 살아야 한다.

더 나아가 내일의 꿈을 이루기 위해 오늘을 살아야 한다. 걱정이 아닌 꿈을 꾸며 꿈을 이루는 긍정적인 생각으로 오늘을 살아야 한다.

내일의 걱정은 내일 하면 된다. 그래도 늦지 않다.

환경을 탓하기 전에 생각을 바꿔라

많은 사람들은 무언가 불만이 생기면 환경을 탓하기 시작한다. 잘되면 내 탓, 안되면 남 탓이라는 말도 있지 않은가. 그렇게 사람들은 잘 풀리지 않는 일에 대해서는 늘 남 탓을 하면서 산다. 나 역시도 그러한 사람 중 한 명이었다.

처음 대학병원에 입사하고, 누구보다도 행복한 일주일을 보냈다. 대구에서 알아준다는 대학병원에 입사했다는 사실로 인해 다른 사람들의 부러움을 한몸에 받았고 부모님께는 자랑스러운 딸이 되었기 때문이다. 하지만 그 기쁨은 거기까지였다. 일을 시작하자, 내 안의 불만이 쏟아졌다. '발령난 부서가 힘든 부서다', '선생님들이 무섭다' 등의 환경을 탓하기 시작한 것이다. 그러한 불만을 품고 일을 하자 하루하루가 지옥 같았다. 환자들도 더욱 까다롭게 느껴지고 일도 내가 맡은 팀만 더 힘든 것 같았다. 그러면서 다른 병원은 더 좋은 환경일 것이라는 생각이 들었다. 이것이 요즘 젊은 층에서 많다는 '파랑새 증후군[1]'의 하나가 아닌가 생각된다. 나 역시 지금보다 더 나은 곳을 꿈꾸며 이곳은 나와 맞지 않다고 하며 퇴사를 결심했다.

---

1 **[편집자 주]** (Bluebird Syndrome) 현실에 만족하지 못하고 새로운 이상만을 추구하는 병적인 증세. 벨기에의 극작가이자 시인 · 수필가인 마테를링크의 동화극 『파랑새 L'Oiseau Bleu』의 주인공에게서 유래.

그 후 동네의 한 안과에서 일을 하면서 다시금 병원 일에 대한 자신감을 키웠다. 그리고 종합병원 응급실에서 일을 하게 되었다. 대학병원보다는 작은 규모의 병원이었기에 대학병원만큼의 딱딱한 분위기는 없었지만 그곳도 그곳 나름의 어려움이 있었다. 응급실의 특성상 밥을 제대로 먹지 못하기 일쑤였고, 8시간 내내 일하느라 화장실 한번 못 간 적도 많았다. 그리고 병동과 달리 어떤 환자들이 올지 모르는 긴장감 속에서 일해야 했고 환자의 케이스에 따라 간호처치도 다양했다. 만나는 동료들도 다 좋을 수는 없었다. 한 조직에 한 명씩은 다가가기 힘들고 어려운 동료가 있었다. 하지만 2명의 동기들이 있어서 빠르게 응급실에 적응할 수 있었다.

하지만 간호사 인력 부족의 문제가 제기되었다. 새로 들어온 간호사들의 사직이 많아지면서 부족한 인력으로 2교대 근무를 해야 했다. 그래서 하루에 15시간씩 일한 적도 있었다. 그렇게 병원에서 일하는 시간이 많아진 만큼 동료들과는 더욱 돈독해졌다. 그래서 동료들과 함께 수영장을 다니며 취미 생활을 공유하면서 일하는 재미를 더해가기도 했다.

처음 대학병원에서 일할 때와 달라진 것은 환경을 보는 긍정의 눈이 생겼다는 것이다. 사실은 대학병원이 일하는 환경이나 복지가 더 좋은 편이다. 그렇지만 종합병원에서는 열악한 환경일지라도 그 속에서 행복을 찾았다. 그것은 바로 동료들과의 돈독한 관계이다. 그래서 서로 더욱 의지하고 도와주면서 힘든 일을 이겨 나갈 수 있었다.

그렇게 환경이 아닌 내 안의 생각을 바꾸기 시작하자 내 삶이 달라졌다. 그래서 경기도 외고에 갔을 때도 낮에는 보건실 근무, 밤에는 기숙사 관리로 병원에서 일할 때보다 더 여유가 없을 때도 있었지만 내가 원했던 보건교사의 일을 한다는 생각에 견딜 수 있었다. 또한 또다시 대학병원에 입사했을 때에는 처음에 대학병원에 적응하지 못한 나에게 다시 만회할 기회가 주어진 것 같아서 기쁘게 받아들였다. 그러자 병동이 아닌 내시경실에 발령이 나는 기적도 체험했다. 보통은 병동으로 발령나는 것이 대부분임에도 나는 그 속에서 내시경실에 발령나는 행운을 거머쥐었다. 그래서 더 감사한 마음으로 일을 했다.

내시경실이라고 왜 힘든 일이 없었겠는가. 그렇지만 이미 나 자신이 변했기에 힘든 역경도 이겨 낼 수 있었다. 3교대를 하지 않는 대신 당직제가 있어서 전화가 오면 응급내시경을 하러 나와야 했다. 한때는 친구를 만나서 주문한 커피를 받자마자 한 모금도 못 마시고 바로 병원으로 불려간 적도 있었다. 그렇지만 힘든 3교대 근무가 아니라는 것에 그 정도의 당직제는 감수할 수 있었다. 또한 교수님들을 상대해야 하는 부담도 있었지만, 오히려 누적된 피로로 날카로워진 전공의보다는 조금 불편한 교수님들을 상대하는 게 낫다고 생각했다. 그리고 응급상황이 생겨도 의사들이 검사실에 상주하기 때문에 상황 대처에 큰 어려움이 없었다.

선배간호사 중에 굉장히 까다로운 선배가 있었다. 처음에는 상처도 많이 받고 그 사람 때문에 일하기가 싫어지기도 했지만 지금은 둘도 없이 친한 사이가 되었다. 이제는 그 선배의 마음을 이해하고 서로를 격려해 주는 사이가 되었기 때문이다.

이렇게 환경은 어디든 힘든 부분이 있다. 그래서 그 환경을 보자면 한도 끝도 없이 불만이 나올 수밖에 없다.

하지만

내가 변하면 환경이 다르게 보인다.

|

환경을 바꾸기는 너무나도 어렵다.

그렇기에 나의 생각을 바꾸기만 하면 된다.

그러면 변하지 않을 것 같은 환경이 변하기 시작한다.

시련은 행복을 위한 예방주사다

병원에서 일하면서 가장 많이 얻은 것은 '일상에서의 감사'이다. 아픈 사람들을 보면서는 살아 있음에 감사했고 또한 부모님이 살아계심에도 감사했다. 그리고 때로는 돈을 벌고 있음에 감사하다는 생각이 들었다. 이렇게 일상에서 감사할 수 있었던 것은 나의 상황과

반대되는 상황을 보았기 때문이다. 아픈 사람들을 보았기에 건강한 내가 보였고 돌아가신 부모님을 보며 슬퍼하는 보호자들을 보았기에 살아계신 우리 부모님이 생각난 것이다.

이렇게 사람들은 행복 속에 있는 자신을 쉽게 발견하지 못한다. 불행을 보고 나서야 자신이 행복 속에 있음을 인식하게 된다.

응급실에서 일을 하다 보면 밥을 제때 먹지 못하는 경우가 많다. 계속 환자들이 몰려오는 날에 맥심 커피 한 잔의 힘으로 8시간을 버틴 적도 있다. 그렇게 며칠을 일하다 한번씩 밥을 먹게 되는 날에는 밥이 꿀맛이다. 피투성이 환자를 보고 난 후일지라도 밥은 정말 맛있게 먹는다. 그렇게 먹은 날에는 기분이 좋아진다.

'우와, 오늘은 밥도 먹다니, 대박이다!'

이런 작은 외침 속에 행복하게 일을 마무리한다.

이러한 행복을 느낄 수 있는 이유는 밥을 먹지 못하고 일했던 시련의 시간이 있었기 때문이다. 그 시련으로 인해 밥을 먹는 것 하나에도 굉장히 큰 기쁨과 행복을 느낄 수 있는 것이다.

처음 대학병원에 입사한 23살 때는 무뚝뚝한 성격과 익숙하지 않은 병원업무 때문에 많이 힘들었다. 처음으로 병동으로 걸려 온 전화를 받았을 때는 끊자마자 통화내용이 전혀 기억이 나지 않았다. 정말 미칠 것만 같은 심정이었다. 환자의 소변 줄을 제거하라는 내용이었는데, 도대체 어떤 환자의 소변 줄을 제거하라고 했는지 기억이 나지 않았다. 그리고 소변 줄을 오래 착용한 환자는 제거하기 전에 스스로 요의를 느끼고 제어할 수 있는지 훈련을 한 다음에 제거를 하는데 그 부분도 - 바로 제거하는 것인지 훈련을 하고 제거하는 것인지도 - 명확하게 확인을 못한 것이다. 그래서 선배간호사에게 많이 혼났다. 그러면서 앞으로는 메모를 꼭 하면서 전화를 받으라는 조언을 들었다. 그 일이 있고 난 뒤, 왼손으로는 전화를 받으며 오른손엔 펜을 쥐고 내용을 적어 둔다. 그렇게 전화를 받으니 전화 받는 것에 대한 두려움이 줄어들었다. 그리하여 전화 내용을 스스로 잘 숙지하게 되는 순간 참 뿌듯했다. 또 하나하나 배워간다는 사실에 기쁘기도 했다.

그 외에도 신규간호사 시절에는 어려움이 많다. 아무것도 제대로 해내는 것이 없고, 늘 혼나는 일이 많기 때문이다. 어쩌면 이것이 당연하다. 학교에서는 이론만

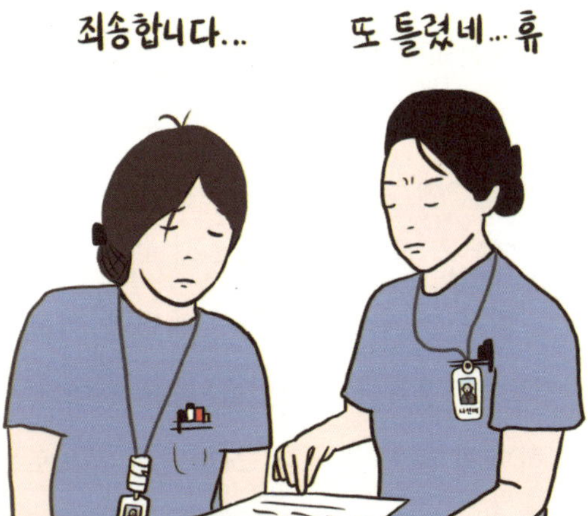

배우고 실무는 직접 일을 해 보면서 배우는 것이기 때문이다. 그래서 멋진 간호사가 되기 위해서는 힘든 신규간호사 시절을 견뎌 내어야 한다. 현재 모든 간호사가 다 신규간호사의 어렵고 힘든 시기를 견뎌 내었기에 능숙하게 일을 처리하는 노련한 간호사들이 된 것이다. 그리고 그러한 힘든 시기가 있기에 차츰 성장해 가는 자신의 모습에 스스로 보람을 느끼게 된다.

어렵고 힘든 시기 없이 성장하는 것은 없다. 현재 가장 유명한 개그맨이자 MC인 유재석 씨 또한 무명시절이 있었다. 지금처럼 유명해지기 전에는 메뚜기 의상을 입고 나와서 사람들에게 자신을 알리고자 고군분투하던 시절이 있었다. 그러면서 그는 계속 성장해 나갔다. 그러한 어렵고 힘들었던 무명시절에 사람들에게 더 나은 모습을 보이기 위해 스스로 노력하고 또 노력했던 것이다. 그래서 차츰 사람들의 인정을 받게 되었고 지금은 최고의 전성기를 누리고 있다. 그에게 무명시기가 없었더라면 지금의 유명한 유재석 씨가 될 수 있었을까. 그저 쉽게 유명세를 탔다면 지금의 행복을 오래 누리지 못했을 것이다. 오랜 무명시절에 갈고닦은 실력이 지금에 와서야 빛을 발하는 것이다. 그래서 사람들에게 진정성 있게 다가가고 감동을 주고 있다.

내가 아는 지인 L 씨가 있다. 그는 대학을 가기 위해 수능시험을 세 번이나 쳤다. 그의 꿈은 오직 교사가 되는 것이었다. 아주 명확하게 초등교사가 되고자 하는 확고한 꿈이 있었다. 그래서 그녀는 교대를 가기 위해 수능 공부를 세 번이나 했다. 힘들고 고독한 재수생이라는 이름의 시간을 오롯이 견뎌 낸 것이다. 그리하여 원하던 교대에 가게 되었다. 그가 교대에 입학하게 되었을 땐 내가 더 기뻤다. 그가 3년 동안 어떻게 노력하며 공부했는지를 알기 때문이다. 비록 학교에서 만난 동기들보다 3살이나 많은 나이지만 그는 가장 행복하다고 했다. 오히려 젊어진 마음으로 학교생활하는 것이 재미있다고 하며 4년의 시간을 누구보다 행복하게 누렸다. 3년의 힘든 시기를 견뎌 내었기에 누릴 수 있는 기쁨일 것이라 생각한다. 나 역시 부모님의 바람대로 교대에 가고 싶기도 했지만 고독하게 혼자 공부를 해낼 용기가 나지 않았다. 하지만 그녀는 그 시기를 각오하고 묵묵히 견뎌 내었기에 '교대생'이라는 이름을 얻을 수 있었다. 그리고 그 이후 그녀는 교사로 행복하게 살아가고 있다. 20대 초반의 3년이라는 시련이 있었기에 그는 누구보다 행복하게 자신이 원하는 꿈의 인생을 살아가고 있다.

이렇게 시련은 행복과 함께 찾아온다. 시련이 있기에 행복이 있을 수 있는 것이다. 우리의 인생에 즐겁고 좋은 일만 있다면 과연 그것을 행복이라고 생각할 수 있을까. 때로는 힘들고 아픈 시기가 있기에 그 뒤에 찾아오는 행복이 진정한 행복임을 실감하게 되는 것이다.

당신의 삶이 지금 힘들다고 생각한다면 오히려 기뻐하라. 힘든 시기 뒤에 다가올 행복을 생각하며 말이다. 행복을 누릴 수 있는 사람은 현재 자신에게 주어진 시련의 시기를 묵묵히 잘 이겨 낸 사람이다.

나의 강점을 가능성으로 놔 두지 마라

세상 사람들은 자신의 강점을 잘 모른 채 살아간다. 강점보다는 오히려 약점에 얽매여서 자신이 무엇을 못 하는지 열거하기에 바쁘다. 나 또한 약점부터 내세우면서 겸손을 떨던 사람 중 한 사람이었다.

"이번에 개원의 연수강좌에 내시경 세척 시연 교육을 맡아 줄 사람 있나요?"

"……."

"그럼 작년에 세척 시연을 해 본 조원경 간호사가 한번 해 보는 건 어때요?"

"아, 저는 앞에서 말하는 거 잘 못하는데요. 말없이 시연만 하는 건 할 수 있겠는데 말하면서 하는 건 떨려서 못할 것 같아요."

내시경실에서 근무한 지 3년 차에 접어드는 시점에 소화기 내과 개원의 연수강좌에 세척 시연 교육을 맡아 줄 것을 요청받았다. 앞에 나서서 무언가를 하는 것이 부담스러웠던 나였지만 누군가 해야 한다면 3년 차인 내가 가장 적당했다. 작년에 이미 세척 시연을 해 보았기 때문에 이제는 세척 시연을 말로 설명하는 부분을 맡으면 되는 순서이긴 했다. 하지만 못할 것이라는 내면의 부정적인 목소리가 하겠다는 말을 막고 있었다. 하지만 모든 상황이 세척 시연 교육은 내가 해야 한다는 상황으로 흘러가고 있었기에 결국 하게 되었다. 후배간호사와 2인 1조로 내가 말로 설명을 하면 후배 간호사는 거기에 맡게 세척 시연을 하면 되는 것이었다. 일주일 전부터 세척 영상을 시청하고 멘트를 외우면서 준비를 마쳤다. 드디어 개원의 연수강좌 세척 시연 교육이 시작되었다. 간호사도 아닌 이미 병원을 개원한 의사들을 상대로 내시경 세척을 교육한다는 것이 부담스럽긴 했지만 이미 하고자 했으니 즐겁게 시작했다.

5개의 조로 나누어서 교육을 들으러 오기 때문에 세척 시연을 5번 해야 했는데, 역시 처음에 시작하는 교육이 가장 떨렸다. 떨리는 마음을 뒤로한 채 교육을 시작했다.

"안녕하십니까. 내시경 세척 시연 교육을 맡은 조원경 간호사입니다."

이렇게 인사를 시작으로 교육이 진행되었다. 인사할 때가 많이 떨렸지만 말문이 트이고 나니 술술 막힘없이 계속되었다. 처음의 긴장과는 달리 고개를 끄덕이며 들어 주는 개원의들 덕분에 힘을 얻어 열심히 설명했다. 마지막 질의응답 시간에도 성실히 답변을 하면서 즐겁게 교육을 이끌어 갔다. 교육을 하는 내내 나는 '오, 재밌네.'라는 생각이 들었다. 그렇게 긴 교육이 끝나고 마무리하는 시간에는 해내었다는 뿌듯함이 밀려왔다. '내가 언제 의사들을 교육시켜 보겠어.'라는 생각도 들면서 하길 잘했다는 생각이 들었다.

이렇게 나는 못할 것 같은 일을 해내었다. 나는 내 안의 가능성을 하나 끄집어낸 것이다. 내 안의 또 다른 나는 사람들 앞에서 내가 가진 것을 나누고 가르치는 일을 할 수 있는 사람이었다.

2012년 안전보건의 날 기념으로 병원에서 부서별 환자 안전과 관련된 공연을 하는 행사가 있었다. 그렇게 행사 알림 공지가 뜨자마자 나는 내가 알고 있는 인기가요의 가사를 생각해 보며 개사를 하고 있었다. 그렇게 하루 만에 개사를 하고 부서원들에게 개사한 내용을 알리고 행사에 참여하도록 분위기를 만들어 갔다. 춤추는 것에 관심이 많은 후배에게 안무를 구상할 것을 요청하면서 우리는 행사에 참여하기로 결정했다. 그렇게 해서 우리는 소녀시대의 '댄싱 퀸'이라는 노래를 '워싱 퀸'으로 바꾸어서 노래를 부르고 춤을 추기로 했다.

노래를 잘하는 K 간호사와 프로그램 조작에 능숙한 L 간호사는 노래를 직접 녹음하는 작업을 했고, 안무를 맡은 G 간호사와 나는 노래에 맞춘 안무연습에 돌입했다. 모두 열심히 연습에 임해 주었다. 내시경 검사가 끝나면 회복실에 모여서 다 같이 안무를 연습했다. 몸으로 일하는 내시경실이기에 일이 끝나면 녹초가 되곤 했지만 연습하는 시간만큼은 모두가 즐거워했다. 그렇게 연습하는 우리를 위해 수간호사 선생님께서 맛있는 빵도 사주시곤 했다. 그렇게 부서원 모두가 하나의 목표를 향해 열심히 노력하는 그 시간이 즐거웠다.

준비를 하면서 더 잘하고 싶은 욕심에 의상도 맞추게 되고, 소품까지 활용했다. 단체로 귀가 달린 귀여운 머리띠를 주문하고 목에는 다양한 색깔의 손수건을 둘렀다. 그리고 그 당시 유행하는 컬러 스키니진을 색깔별로 입고는 무대에 설 준비를 마쳤다. 그렇게 준비하면서 찍은 사진을 아직도 간직하고 있다. 그 사진을 볼 때마다 피식 웃음이 난다.

공연 당일에는 소화기 내과 과장님이 직접 사진까지 찍어 주셨다. 마치 아빠가 딸의 학예회에 와서 딸이 모습을 찍는 것처럼 저 멀리서 춤추는 우리를 촬영하는 과장님을 발견하는 순간 온몸에 짜릿함이 느껴졌다. 우리 식구 모두가 하나 된 느낌이 들었기 때문이다.

비록 우리가 꿈꾸던 최우수상을 받지 못했지만, 우리끼리는 우리가 최우수라고 서로를 격려해 주었다. 그리고 패밀리 뷔페에 뒤풀이까지 가서 우리끼리의 최우수상을 즐겼다. 어느 때보다 하나가 된 시간이었고 서로 친해질 수 있었던 시간이었기에 장려상을 받았음에도 정말 행복했다.

이 행사를 준비하면서 부서원들 모두가 각자 자기의 역할을 잘 해내었다는 생각이 들었다. 또한 우리가 그동안 몰랐던 부서원들의 가능성을 보았다. 나는 개사를 하면서 행사에 참여하도록 사람들의 마음을 움직이는 역할을 했다. 노래를 잘하는 K 간호사는 직접 개사된 노래를 불렀고, L 간호사는 녹음 프로그램을 조작하여 멋지게 우리가 원하는 노래를 만들어 주었다. 그리고 안무를 직접 준비해 온 G 간호사 덕분에 모두 쉽게 안무를 배웠다. 또한 다른 동료들의 적극적인 참여가 있었기에 10명 가량 되는 사람들이 한마음으로 즐겁게 한 곡을 완성할 수 있었던 것이다. 그리고 마지막으로 수간호사 선생님의 물질적 지원도 있었기에 배고픔을 달래며 연습을 이어 나갈 수 있었다. 이렇게 부서원들의 가능성이 하나의 행사를 해냄으로써 그들의 강점으로 자리잡았다.

이렇듯 사람들은 각자 자기 안에 수많은 가능성을 품고 있다. 다만 그 가능성을 펼칠 무대가 없기에 모를 뿐이다. 당신도 당신 안에 많은 가능성을 가지고 있다. 그 가능성이라는 것은 과연 무엇인가? 무언가 하고 싶은 생각이 든다거나 하고자 했을 때 가슴이 뛴다면, 그것이 바로 가능성이다.

하지만 이것을 그대로 둔다면 가능성에 그치고 만다. 그 가능성을 밖으로 꺼내어 표출하면 당신의 강점이 된다.

당신 안의 수많은 가능성을 가능성으로 두지 말고 강점으로 끄집어내라.

인생에
의미와 가치를 부여하라

지금 당신의 눈앞에 수표가 한 장 있다고 하자. 그 수표는 10억짜리 수표이다. 이제는 그 수표를 발로 밟았다. 그 수표는 여전히 10억짜리 수표인가? 그렇다. 여전히 10억의 가치가 있는 수표이다. 이번엔 손으로 한번 구겨 보자. 구겨진 수표도 여전히 10억의 가치가 있는가? 여전히 그렇다. 이렇게 종이 하나에도 10억이라는 가치가 매겨지면 발로 밟든 구겨지든 가치는 영원히 유지된다.

어느 특강에서 받은 질문이다.

"당신의 눈을 1억을 준다면 팔겠습니까?"

– "아니요."

"그렇다면 10억을 준다면요?"

– "아니요."

"그럼 팔을 하나 팔면 10억을 준다… 팔겠습니까?"

– "아니요."

"혹시, 파실 분 계신가요?"

– "……."

"이렇게 10억 이상의 가치를 가진 분들이 왜 100만 원의 월급에 급급해하면서 힘든 인생을 삽니까? 인생을 즐기면서 행복하게 사십시오."

이렇게 단 몇 마디의 질문을 받으면서 수만 가지의

생각을 하게 되었다. 그중에 가장 오래 되뇌어 본 것은 나 자신의 가치에 대한 부분이다. 10억보다 더 귀중한 나를 다시 깨달은 것이다. 우리의 몸은 10억 이상이며 이보다 더 많은 가치를 가지고 있다. 그런데 살면서 이런 가치를 잊고 나 자신과 나의 인생을 너무 값싸게 대해 온 것은 아닌지 생각을 해 보았다.

내가 대학을 가지 못했다고 나의 가치가 떨어지는 것은 아니다. 대학을 가든 안 가든 나는 여전히 10억 이상의 가치를 가진 '나'이며 가치 있는 인생이다.

하지만 우리들은 이러한 사실을 망각한 채 산다. 그래서 스스로의 가치를 인정하지 못하고 때로는 스스로 삶을 포기하기도 한다. 또는 자신만의 삶이 아닌 타인을 위한 삶을 산다. 그래서 내가 원하는 직장이 아니라 부모님이 원하는 직장을 택하기도 하고 친구를 따라 대학을 정하거나 직장을 택하기도 한다. 이것은 진정한 나의 삶이 아니다. 한 번뿐인 나의 인생을 다른 사람을 위해 살아서야 되겠는가. 우리는 행복하게 살 만한 가치가 있다. 그렇기에 자신이 꿈꾸는 행복한 삶을 살아야 한다. 그 누구도 나의 삶을 대신 살아 줄 수 없다.

간호사 8년 차 때 일이다. KTX를 타고 서울에서 집으로 오던 때의 일이다. 피곤한 몸이었지만 그날따라 잠은 오지 않아서 뒤척이고 있었다. 갑자기 안내방송이 나왔다.

♬ 딩동댕 ♬

"안내 말씀 드립니다. 열차 내에 응급환자가 발생하였습니다. 열차 내 고객님 중 의사나 간호사가 계시면 15호 차로 와 주시면 감사하겠습니다."

방송이 끝나기가 무섭게 내 몸은 움직이고 있었다. 갈까 말까 망설일 틈도 없이 그냥 몸을 일으켜 15호 차로 향했다. 나는 특실 2호 차에 타고 있었기에 15호 차까지 가는 길이 너무 멀었다. 가는 길에 승무원을 만났는데 급하다며 꼭 가달라는 말을 하며 감사하다는 말도 했다. 승무원을 만나고 나니 내 마음은 더 급해졌다. 전해 듣기로는 뇌전증 환자인 것 같다고 했다. 그래서 가는 길에 머릿속은 온통 가상의 시나리오로 가득 찼다.

'뇌전증 환자의 발작이면 가장 먼저 다치지 않게 안전한 장소에 눕혀야 하고 혹시나 혀가 뒤로 넘어가 기도가 막히지 않도록 손수건이라도 물려야 한다…. 주변에서는 기초 응급조치가 취해졌을까? 과연 의료진이 왔을까?'

그렇게 긴긴 시간을 걸어서 15호 차에 도착했다. 다행스럽게도 내과 의사 두 분이 먼저 와서 환자와 대화를 나누고 있었다. 아마도 발작은 이미 끝난 것 같았다. 그 옆으로 많이 놀란 듯 상기된 얼굴을 한 승무원이 환자에게 물을 권하고 있었다. 하지만 환자는 괜찮다고 집에 가서 약을 먹으면 된다고 했다. 다행히 환자도 원래 알고 있는 병이라서 큰 문제 없이 해결이 되었다. 그렇게 조용히 해결이 되고 나는 다시 2호 차로 돌아왔다. 돌아오는 길에 다시 나를 안내해 준 승무원을 만났다.

"고객님, 감사합니다."

나는 사실 가서 한 게 없었기에 승무원의 큰 감사 인사에 내가 더 몸 둘 바를 몰랐다. 그렇게 자리에 앉자마자 피곤함이 몰려와서 잠들어 버렸다. 그리고 어느 순간 승무원이 깨우는 소리에 눈을 떴다. 오 마이 갓. 동대구역을 지났다고 했다. 승무원은 다행히 10분 뒤에 신경주역에 정차하면 동대구역으로 가는 열차가 있다고 안내해 주었다. 그러면서 "아마도 아까 신경을 많이 써서 그런 것 같네요."라며 열차 시간표에 '오승처리' 확인 표시와 함께 사신의 사인을 한 영수증을 주면서 따로 표를 끊지 말고 이 표를 그 열차의 승무원에게 보여 주라고 했다. 나도 감사하다는 말을 전하고 그렇게 집으로 무사히 돌아왔다. 몸은 피곤했지만 아주 큰 보람을 느낀 하루였다.

이날의 사건을 떠올리면 지금도 놀랍다. 어떻게 그렇게 자동으로 몸이 움직였는지, 아무도 내가 간호사라는 사실을 모르는데도 기꺼이 응급환자를 돕기 위해 내가 한 발짝 움직였다는 사실이 굉장히 가슴 벅차다. 내가 간호학을 배우고 병원에서 일한다는 것이 세상 밖에서도 큰 도움을 줄 수 있다는 것을 발견한 순간이었기 때문이다. 그리고 내가 그러한 나의 삶에 가치를 부여했기에 기꺼이 그 일에 앞장설 수 있었던 것이다.

이 사건을 전해 들은 동료 간호사들도 처음 들어 본 일이라며 신기해하면서도 정말 소명 의식이 대단하다고 칭찬을 해 주셨다. 진짜 '힘들다, 힘들다.' 노래를 부르면서도 8년 차로 접어들면서 간호사라는 직업과 내가 하나가 되어 진정한 소명 의식으로 살아가고 있는 나의 모습을 발견할 수 있었다.

그렇게 내 삶에 가치를 더했기에 비록 기차 내리는 순간을 놓쳤지만, 승무원의 배려로 집으로 무사히 돌아올 수 있었다. 또한 지금의 가슴 벅찬 감동도 함께 누리며 이렇게 책에도 적을 수 있는 것이다. 하지만 내가 그 순간, '간호사가 무슨 도움이 되겠어.'라며 선뜻 나서지 않았더라면 내 마음에는 '그때 도움을 주지 못했다.'는 죄책감을 안고 집으로 돌아와야 했을 것이다.

내시경실에서 일하면 종종 환자들의 침과 똥을 닦아 주어야 한다. 그래서 가끔은 내가 간호사인데 학교에서 배운 것과는 다르게 허드렛일만 하는 것 같기도 했다. 하지만 그 일에 가치를 부여하면 달라진다. 환자들의 건강을 위해 더 나아가 질병의 조기 발견을 위해 시행하는 검사를 돕고 있다고 생각하면 하루하루 하는 일에 대한 생각이 달라진다. 내가 하는 일을 통해 환자는 빨리 암을 발견할 수 있고, 또 암을 수술한 경우에는 잘 치료되고 있는지 과정을 지켜볼 수 있는 것이다. 그리고 옆에서 이러한 조력자가 없다면 검사를 시행하는 의사 역시 내시경 시술에 집중할 수 없다. 그렇기에 나의 역할이 중요하다는 생각을 해야 한다.

당신이 환자라면 어떤 마음가짐으로 일하는 간호사에게 검사를 받고 싶은가? 당연히 후자일 것이다. 그저 환자 침 닦아 주고 똥 닦아 주는 게 다라고 생각하는 간호사는 정말 그 정도의 일밖에 하지 못한다. 하지만 내가 환자들의 건강을 위해 일을 하며 의사들의 조력자라는 생각으로 일을 한다면 하나하나 모든 일에 최선을 다하게 된다. 그렇게 일하면 환자도 의사도 그 이상으로 간호사를 대접해 준다.

이렇게 자신의 인생의 가치는 자기 자신의 마음가짐에 달려 있다. 내가 어떻게 내 인생에 가치를 매기느냐에 따라 다른 사람도 나를 그 정도의 가치로 인정해 주게 된다.

아무도 내 인생에 의미와 가치를 부여해 주지 않는다. 스스로! 자신의 인생에 의미와 가치를 부여하라.

수술 전 마취가 더 아프다

"악! 아야!"

"조금만 참으세요. 지금 참으면 나중에 안 아픕니다."

응급실에서 발가락이 찢어져서 온 학생의 비명이다. 매일같이 듣는 환자들의 비명에 간호사들은 하나같이

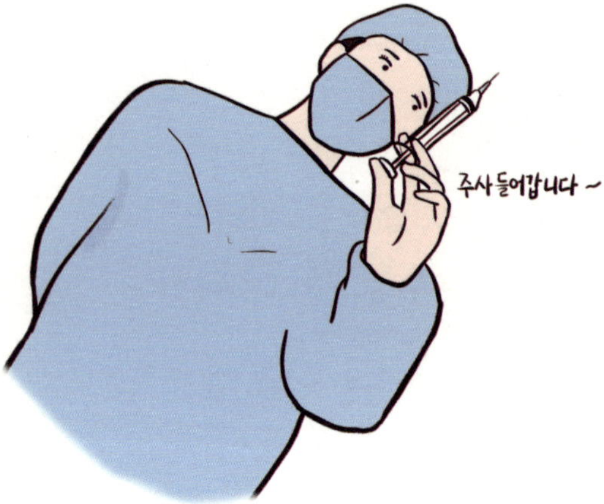

조금만 참으라고 한다. 왜냐하면 지금 잠시 아프고 나면 그 뒤에는 언제 그랬냐는 듯 통증을 못 느끼는 환자들을 많이 봐 왔기 때문이다. 찢어진 부위에 바늘로 꿰매기 위해서 국소마취제를 먼저 주사한다. 그때 주사약의 통증이 굉장히 크다. 그러나 그 약이 피부 속에 들어가서 효능을 발휘하기 시작하면 그때부터 사람들은 웃는다. 바늘로 찔러도 아픈 느낌은 없다고 하면서 말이다.

우리들의 인생도 이와 같다. 지금 돌이켜보면 학교에서 배우는 친구들과의 관계, 선생님과의 관계, 학급 활동 등의 모든 것들이 사회생활을 위한 마취제 같은 역할을 했다. 어릴 땐 친구들과 사소한 일로 싸워도 크게 마음이 상하고 아팠다. 지금 생각해 보면 그렇게까지 울 일이 아닌데도 많이 상심해하던 기억들이 하나씩은 있을 것이다. 그때의 경험을 기반으로 우리는 어른이 되어서 사람들을 만나고 사귄다. 그러한 인간관계의 기본인 배려, 이해, 용서 등을 친구 관계를 통해서 배웠던 것이다.

나도 사춘기 시절 친했던 친구들과 크게 싸운 적이 있다. 내가 친구들에게 소홀하다며 친구들의 섭섭함이 커져 오해를 낳았던 것이다. 돌이켜 생각해 보니 나는 친하기 때문에 조금은 소홀해도 된다고 생각했다. 또한 내 속마음을 덜 표현해도 친구들이 다 알아줄 것이라고 생각했다. 하지만 친구들은 그렇지 않았다. 결국 서운함을 가진 친구들과는 멀어졌다. 그 이후에 나는 친한 사람들부터 챙기게 되었다. 친구들과 멀어진 충격과 아픔이 너무 컸기 때문이다.

이렇게 인간관계에서 제대로 된 마취 주사를 맞았다. 그래서 그 이후에 웬만한 친구들의 독설에 크게 상처받지 않았고, 오히려 그 친구들을 나의 편으로 만들어 버렸다. 그렇게 나는 사춘기 시절 호되게 맞은 인간관계의 마취 주사로 인해 현재까지도 가까운 사람들을 신경쓰고 지낸다. 가끔은 편지로라도 마음을 표현하면서 말이다.

우리가 인생에서 가장 처음 경험하는 것은 모두 마취제와 같다. 특히 신규간호사의 1년은 진정한 프로 간호사가 되기 위한 마취제를 맞는 시간이다. 그래서 처음 1년은 정말 눈물 나도록 힘들다. 처음이기에 더 아프고 처음이기에 더 힘들다. 하지만 그 첫 경험을 잘 이겨 내고 나면 그다음 경험은 처음만큼 힘들지 않다.

사실 시간이 지나고 보니 신규간호사 시절이 일하기가 더 편했다는 생각이 든다. 그저 내가 맡은 환자들만 돌보면 되고 때로는 선배간호사가 시키는 일만 하면 됐었다. 그리고 신규간호사 1년 동안은 실수를 하더라도 실수를 이해해 주는 기간이다. 또한 모르는 게 있으면 마음 놓고 물어볼 수 있는 시간이다. 하지만 그 다음 1년, 2년 이렇게 시간이 지나면 업무량은 그만큼 늘어난다. 기본적인 환자들을 간호하는 일뿐만 아니라 다양한 부서 업무, 질 향상 관리, 감염관리, 친절위원회 등 신규간호사일 때는 몰랐던 많은 환자 간호 외의 일들이 쏟아져 나온다. 그리고 그만큼 책임감의 무게도 커지며 때로는 후배간호사의 실수를 보듬어 주어야 하는 넓은 마음도 필요하다.

나 역시 응급실의 경력이 다음의 근무지에서 많은 빛을 발했다. 신규일 때 응급실에서 근무를 하면서 다양한 간호업무를 익혔다. 특히 응급간호는 어디를 가든 쓰이는 곳이 많았다. 외고에서 보건교사로 일을 할 때도 응급실에서 배운 것들이 많은 도움이 되었고, 내시경실에서 근무할 때도 그랬다. 그래서 나는 신규 때 응급실에서 일하길 잘했다는 생각도 든다. 그 이후 다른 근무지에서도 수월하게 일을 배울 수 있었기 때문이다. 내시경실에 처음 갔을 때는 응급실에서 배운 기술들이 쓰일 거라곤 생각도 못했다. 하지만 내시경 시술 중에 간혹 환자들이 호흡이 저하되거나 심장의 문제로 심폐소생술을 시행해야 하는 경우도 몇 번 있었다. 이럴 때 당황하지 않고 심폐소생술 준비를 하며 의사를 도울 수 있었던 것이다.

이렇게 시간이 흐르면서 처음 응급실에서 힘들지만 제대로 배운 것들이 그 이후에 많은 도움이 된다는 것을 깨달았다. 그리고 그 힘들었던 경험이 발판이 되어 더 많은 일들을 해 나갈 수 있다는 것 또한 말이다.

내 친구 B는 신규간호사 시절 첫 발령을 중환자실로 받아 매일같이 힘들다고 하였다. 그러다 보니 살도 차츰 빠지기 시작했다. 차라리 다른 친구들처럼 병동에서 일을 했으면 더 나았을 거라며 한탄을 하곤 했다. 하지만 8개월 만에 병동으로 부서가 옮겨지게 되었다. 그때부터 B는 얼굴에 미소가 생기기 시작했다. 중환자실보다는 훨씬 할 만하다고 하면서 지금까지도 병동에서 근무를 하고 있다. 이렇듯 B가 신규간호사 시절 힘들게 중환자실에서 간호업무를 배웠기에 그다음 병동의 업무는 누구보다 수월하게 일을 익히고 쉽게 해낼 수 있었다.

신규간호사 시절엔 병동이든 중환자실이든 상관없이 어디든 다 힘들다고 느낀다. 그렇기에 조금 더 힘든 곳에서 일한다고 좌절할 필요가 없다. 어차피 힘들 거 조금 더 많이 배울 수 있는 곳에서 배운다면 나중에 고생을 덜 하게 될 것이다.

나는 10년 차인 지금도 중환자실을 가라고 하면 선뜻 용기가 나지 않는다. 한번은 응급내시경이 있어서 중환자실에 직접 가서 내시경 시술 보조를 한 적이 있다. 중환자실 환자들은 외과 수술 후에 출혈이 심해져 내시경으로 출혈 부위를 확인하고 그 부위를 지혈하기 위해 응급내시경이 필요한 경우가 있기 때문이다.

중환자실로 내시경 기계와 본체를 옮기면서 항상 심장이 두근거렸다. 응급상황이라는 것과 과다출혈로 인해 내시경을 시행하는 데도 어려움이 있기 때문에 더 두렵고 떨렸던 것 같다. 그렇게 도착하여 긴장된 마음을 추스르며 침대 옆에 내시경 기계를 설치했고 교수님이 오셔서 내시경을 시행했다. 시행 중에 산소 수치가 조금이라도 떨어지면 기계가 삐삐 소리를 냈고, 그 소리에 오히려 더 놀라서 허둥지둥대기도 했다. 그러면 중환자실 간호사들이 달려와 기계를 다시 세팅해 주거나 산소농도를 좀 더 올려 주는 등의 조치를 취해 주었다. 같은 간호사임에도 든든하게 느껴졌다. 그렇게 한 가지를 안정시켜 놓으면 이제는 출혈이 문제다. 과다출혈로 내시경이 들어가는 중에 입으로 환자가 피를 토해 낸다. 때로 심할 때는 침대 시트 전체가 피로 물들기도 하고 병실 바닥까지 적시기도 한다. 그럴 때는 인턴이 옆에서 적혈구제제를 직접 손으로 짜면서 혈액을 공급하고 여러 명의 의료진들이 응급상황에 대비하여 대기하기도 했다. 내시경 화면에는 온통 빨간 피들만 보이기에 계속 물로 세척과 석션(흡인)을 해야 했고, 그러다 흡인 통이 가득 차면 다시 교체하는 등 정신없이 시간이 흘러간다. 그렇게 내시경을 시행한 끝에 출혈 지점을 발견하게 되면 그 부위에 클립이라는 도구를 사용해 지혈을 한다. 집게로 집는 원리와 비슷하다. 그렇게 여러 개의 클립을 집어 두고 내시경을 마무리하고 나면 출혈 부위를 잡았다는 것에 안도감과 보람을 느끼게 된다. 긴장한 탓에 온몸은 땀으로 젖었지만 마음만은 가볍게 내시경실로 돌아올 수 있다.

그때 중환자실 간호사들이 환자 곁에 놓인 수많은 의료기구를 능숙하게 다루고 있는 모습을 보면서 똑같은 간호사임에도 굉장히 멋지다는 생각을 했다. 저 많은 기계의 사용법을 다 숙지하고 적절하게 사용하고 있는 모습에 대단하다는 생각이 들었기 때문이다. 또한 보통의 환자보다 더 위중한 환자들을 늘 케어하고 있다는 것이 더 어렵고 힘들 것 같다라는 생각도 들었다.

그래서 나는 힘든 부서로 첫 발령이 난 친구들이나 후배들에게 오히려 잘됐다고 이야기해 준다. 왜냐하면 그들은 제대로 된 마취 주사를 맞는 것이나 다름없기 때문이다. 차라리 처음에 힘든 것이 낫다. 시작할 때 힘들더라도 제대로 배워 놓으면 앞으로는 무엇이든 수월하게 할 수 있다. 그렇게 되면 앞으로 간호사 인생의 수많은 고난과 역경이라는 수술들을 다른 사람들보다 큰 어려움 없이 잘 이겨 낼 수 있을 것이다.

지금 만약 당신이 가장 아프고 힘든 시기를 지내고 있는 것 같다면 이렇게 생각하라. 앞으로 내 인생에 더 힘들고 아픈 수술을 제대로 이겨 내기 위해 지금은 굉장히 센 마취제를 맞고 있다고.

소 잃고도 외양간 고쳐야 한다

'소 잃고 외양간 고친다'라는 속담이 있다.

이것은 이미 일이 잘못된 뒤에 애를 써 봐야 소용이 없다는 말을 비꼬는 말이다. 그렇기에 우리는 무슨 일이 닥치기 전에 미리 대비를 잘해 두어서 문제가 생기지 않도록 해야 한다.

우리가 인생을 살면서 어떠한 문제가 일어나지 않도록 미리 대비를 하는 것은 중요하다. 문제가 생기고 나면 돌이킬 수 없다. 하지만 그 문제를 두 번 다시 일어나지 않도록 방지할 수는 있다.

내시경실에서는 간혹 진정수면의 역설 반응으로 환자가 몸을 격하게 움직이는 경우가 있다. 이때 가장 조심해야 할 것은 환자가 다치지 않도록 하는 것이고 두 번째는 내시경 기구가 손상되지 않도록 하는 것이다. 환자가 격하게 움직이며 이로 내시경을 물어 버리는 경우가 그렇다. 강하게 물게 되면 내시경은 다음에 사용할 수 없게 되기 때문이다. 그러면 다시 수리를 보내야 하는데 이런 경우 내시경은 수천만 원의 고가의 수리비가 들게 된다.

2011년 처음 내시경실에서 근무를 하면서 모든 것이 낯설고 어렵던 시절이었다. 어느 날 덩치가 큰 환자가 내시경 검사를 받는 도중 내시경 기계를 물어 버리고 말았다. 내시경 검사할 때 환자들은 입에 마우스피스

(mouth piece)를 물고 검사를 한다. 마우스피스의 구멍을 통해 내시경이 입 속으로 들어가기 때문에 평상시에는 환자들이 내시경 기계를 물고 싶어도 물 수가 없다. 하지만 수면 중에는 물고 있던 마우스피스를 혀로 밀어내어 버린다. 그리고 힘으로 마우스피스를 빼내어 버리기도 한다. 그렇게 마우스피스를 입에서 빼낸 후에 내시경 기계를 물어 버리는 것이다. 나는 그 순간 세상이 무너져 버린 것만 같았다. 내시경실 근무 경력이 얼마 없었던 시기였기에 환자가 기계를 문다는 것은 정말 상상도 못했기 때문이다. 그냥 눈으로 보기에도 움푹 들어가 버린 내시경 기계를 보고 있자니 정말 눈물이 핑 돌았다. 모든 게 다 나의 탓이라고 생각되었기 때문이다. 그렇게 검사를 끝내고 내시경 기계를 들고 선배간호사에게 보여 주었더니, 다른 병원에서는 경위서를 쓰거나 수리 비용을 간호사가 부담해야 하는 경우도 있었다고 한다. 그때부터 눈앞에 깜깜해져 왔다. 어떻게 다시 들어온 병원인데, 쫓겨나는 것은 아닐까 걱정이 되었다. 게다가 몇천만 원씩 하는 수리 비용

을 내가 감당할 수 있을지 겁이 났다. 그때 문득 부모님의 얼굴도 파노라마처럼 스치듯 지나가며 마음이 복잡해졌다. 결국 검사실 구석에서 흘러나오는 눈물을 훔치고야 말았다. 훌쩍 거리다가 매도 먼저 맞는 것이 낫다고 마음을 추스르고 수간호사 선생님께 갔다. 그리고 떨어지지 않는 입을 겨우 열었다.

"선생님, 내시경 검사 중에 환자가 너무 움직이면서 내시경을 물었습니다. 그래서 내시경 삽입관이 움푹 들어갔습니다. 이제 어떻게 하지요?"
"아~, 또 물었니? 수리 보내야겠네. 간혹 그런 경우가 있다. 너무 걱정하지 마라."

수간호사 선생님 한마디에 몇만 톤이나 되었던 내 어깨의 무거운 짐이 날아가 버렸다. 역시 평간호사 때부터 내시경실에서 일하셨던 수간호사 선생님이라 우리들의 고충을 너무도 잘 알고 계셨다. 그리하여 내가 우려했던 것과는 달리 큰 문제없이 내시경 기기 업체에 연락을 하고 바로 수리에 들어갔다. 그리고 간호사들은 대책 회의를 했다. 경력이 있는 간호사들은 이런 경우가 종종 있을 수 있다고 했다. 물론 기계 손상을 최소화하는 것이 좋지만 갑자기 순식간에 일어나는 일이기에 간호사도 어쩔 수 없는 부분도 있음을 인정해 주었다. 그러자 나는 마음이 한결 놓였다. 그리고 우리는 검사 도중 환자들이 많이 움직이기 시작할 때 환자들이 물고 있는 마우스피스를 다시 한번 꽉 조이는 방법으로 환자들이 내시경을 물지 못하게 잘 조절해 보자는 대책을 내렸다.

이 사건이 있은 후 나는 환자들이 움직임에 유난히 신경을 많이 쓴다. 조금이라도 움직이기 시작하면 나는 환자들이 입에 물고 있는 마우스피스를 제대로 고정시키기 위해 더 노력한다. 그리고 요즘에는 검사 시에 오른손 엄지와 검지로 마우스피스를 계속 잡아 주면서 검사를 진행한다. 그리하여 그날 이후 지금까지 검사하면서 내시경 기계를 물린 적이 한 번도 없다. 이렇게 한번 호되게 당하고 나니 정말 정신을 바짝 차리게 되었다.

병원에서 일하다 보면 주사침 찔림 사고가 종종 일어난다. 사용한 주사기를 침과 분리하는 과정에서 찔리기도 하고 폐기물통에 버리는 과정에서 찔리기도 한다. 환자들이 사용한 바늘에 의료진이 찔리게 되면 혈액에 의한 감염의 우려가 있다. 그렇기에 가장 조심해야 하는 부분이다. 하지만 예방이 가능한 것인데도 불구하고 주사침 찔림 사고 횟수는 쉽게 줄지 않고 있다. 그래서 병원에서는 직원 안전사고 보고체계를 만들어서 찔림 사고 발생 시 보고를 하도록 하고 있다. 그래서 보고된 내용을 통해 어떻게 찔리게 되었는지를 확인한 후 병원 전체에 찔림 사고 예방에 대한 공지사항이 내려온다.

보고내용에 주사침에 다시 뚜껑을 씌우다가 찔리는 경우가 종종 발생하자 병원에서는 주사 후 뚜껑을 다시 씌우지 않도록 예방조치를 내렸다. 때로는 주사침이 일반 쓰레기통에 버려져서 청소하는 직원이 쓰레기통을 비우다가 찔리기도 했다. 그럴 때는 주사침을 주의해서 폐기물 통에 버리도록 공지가 내려지기도 한다.

이렇게 보고되는 공지사항을 보면서 직접 겪지 않은 직원들도 '아, 이렇게 해서 찔릴 수도 있겠구나.' 하며 간접적으로 배우게 된다. 그러면서 더욱 찔림 사고에 주의를 하게 된다.

이러한 사고들은 미리 예방하는 것이 좋지만 병원 내 보고체계를 통해 사고 발생 이후 적절한 대처방안을 생각해 내어 다음의 사고를 방지해야 한다. 또한 예상치 못한 다른 직원들에게도 교육 자료가 될 수 있기에 소 잃고도 외양간을 고쳐야 하는 가장 큰 이유이다.

이제는 소 잃고 외양간 고친다고 비꼬는 시대는 지났다. 소를 잃었다고 낙심하기보다는 또 다른 소를 잃지 않기 위해 외양간을 고쳐야 한다.

인간은 완벽할 수 없다. 그렇기에 예상치 못한 일이 발생하기도 한다. 그럴 때는 경험을 바탕으로 두 번 다시 그러한 일이 생기지 못하도록 하는 것이 최선의 방법이다.

병원 생존에 필요한 것은 유연성이다

"간호사로 병원에서 일할 때 필요한 자질은 무엇이라고 생각합니까?"

"네, 저는 '3H'가 필요하다고 생각합니다. 'Head'인 간호지식과 'Hand'인 간호기술, 'Heart'인 환자를 사랑하는 마음입니다."

병원 면접 시 종종 받았던 질문이며 내가 대답했던 답변이다. 간호사로 환자를 간호함에 있어서 지식과 기술, 마음을 모두 골고루 갖추어야 한다고 생각했기 때문이며, 전공 공부에서도 3H를 배웠기에 무난하게 답했다. 이렇듯 병원에 입사하기 전에는 이론적으로 머리, 손, 가슴의 세 박자를 골고루 갖추어야 한다고 생각했다. 그리고 병원 생활을 시작해 보니 정말 이러한 다양한 능력이 요구되었다.

기본적인 지식이 없으면 환자 상태를 파악하기 어렵다. 그래서 신규간호사로 들어오면 가장 먼저 배치된 병동에서 가장 많이 쓰이는 약물, 메인이 되는 병명이나 수술에 대해 공부를 하게 된다. 이러한 지식이 기반이 되어야 환자를 간호함에 있어서 환자들의 질문에 적절한 답을 해줄 수 있다.

두 번째로 꼽은 간호기술은 신규 시절에 절실하게 느낀 부분이다. 특히, 정맥주사를 놓아야 할 때면 신규간호사는 늘 찬밥신세였다. 내가 병동 트레이닝을 받은 곳은 외과 병동이었다. 수술이 많아서 늘 20G

나 18G[2]로 정맥주사를 놓아야 했으며, 실습 때 연습한 바늘보다 훨씬 길고 굵은 바늘로 환자에게 찌르기가 조금은 겁이 났다. 나의 겁먹은 표정도 당연히 환자도 느꼈으리라. 그래서 환자들은 하나같이 다른 간호사를 데려오라며 나에겐 기회조차 주지도 않았다. 그럴 때면 얼른 정맥주사 실력이 향상되어 환자들에게 무시당하지 않는 간호사가 되고 싶었다. 이러한 나의 고충을 선배들에게 털어놓았을 때는 하나같이 걱정할 필요가 없다고 했다. 시간이 지나면 저절로 느는 것이고 그때가 되면 아무것도 아님을 알게 될 것이라고 말이다. 시간이 흐르고 5년을 넘기는 시점에 이르렀을 때, 정말로 정맥주사는 아무것도 아니라는 말을 똑같이 신규들에게 해 주게 되었다. 경력이 쌓일수록 정맥주사뿐 아니라 더욱 다양한 기술적인 부분들이 필요했기 때문이다. 환자와 보호자들의 분노에 대처하는 능력, 같이 일하는 의료진들과 소통하는 능력, 새로운 신규간호사

2 **[편집자 주]** (Gage; 게이지) 주삿바늘의 굵기를 나타내며 수치가 높을수록 얇다.

를 교육하는 능력, 응급상황에 대처하는 능력 등 시간이 흐르면 흐를수록 간호사에게 요구되는 능력은 늘어만 갔다. 이러한 실질적인 기술은 경력이 쌓이면서 자연스럽게 터득하게 되는 부분이다.

마지막으로 환자를 사랑하는 마음은 누구나 인간이라면 조금은 가지고 있을 것이다. 내가 맡은 환자가 빨리 회복되었으면 하는 마음은 의료인, 아니 병원에서 일하는 사람들이라면 똑같은 마음이 아닐까. 그래서 그들의 회복을 위해 일을 하고 있는 것이다. 다 같은 마음이겠지만 그중에도 유독 눈에 띄게 환자들을 더 사랑하고 살피는 간호사들도 있다. 특히, 내 친구인 H는 친구인 내가 보아도 환자를 생각하는 마음이 크다는 느낌을 받았다. 진정한 간호사의 마인드를 갖추었다고 할 만큼 일하는 내내 환자만 생각한다. 일을 하다 보면 빨리 일을 정리하고 퇴근하고 싶어지는 순간도 있다. 하지만 H는 자신이 조금 늦게 일을 마무리할지라도 꼼꼼하게 확인하고 늘 환자가 내 가족이라는 생각으로 임한다고 했다.

이렇게 '3H'는 간호사라면 기본으로 갖추어야 할 자질임에는 틀림없다. 하지만 다양한 분야에서 일하다 보니 병원에서 생존하기 위해서는 이 세 가지보다 더 중요한 한 가지가 필요하다는 것을 알았다. 바로 '유연성'이다. 여기서 말하는 유연성이란 어느 누구와도 어울릴 수 있는 유연함을 말한다.

병원이라는 곳은 언제 어떤 일이 생길지 예측할 수 없고 다른 직군에 비해 만나게 되는 사람도 많은 편이다. 그리고 부서별로 꼭 한 명씩은 나를 힘들게 하는 존재가 있다. 성격이 달라서 부딪히거나 일하는 스타일이 달라서 부딪히거나 뭔가 모르게 맞지 않아서 계속적으로 부딪히는 경우이다. 그럴 때 아직 유연성이 덜 발달한 사람은 그 사람과의 마찰로 인해 조직을 떠나게 된다. 나의 신규 시절이 그랬다. 유독 나에게만 뭐라고 하는 듯한 한 사람. 그 사람만 보면 나도 모르게 피하게 되고, 그 사람과 일할 때는 안 하던 실수를 연발하여 사이를 더 틀어지게 만들곤 했다. 그러다 보니 스트레스가 눈덩이처럼 불어나서 결국은 그 조직을 떠나려고 마음을 먹곤 했다. 여러 번의 이직을 하면서 나에게는 의문점도 생겼다.

'어떻게 한 직장에서 오래도록 적응하여 일을 할 수 있을까?'

내가 아는 지인 한 분은 큰 대학병원의 수간호사로 근무하고 계신다. 그분에게 어떻게 오래도록 일을 할 수 있었는지 여쭈어 보았다. 대단한 무언가를 기대했던 나에게 그분의 대답은 '엥?'이라는 생각이 들 정도로 간단한 것이었다. 그냥 깊게 생각하지 않고 다니다 보니 어느덧 수간호사라는 위치에까지 올라갔다고 했다. 그러면서 덧붙이신 것이 '그러려니' 하는 마음으로 다니면 된다고 하셨다.

처음엔 의아했지만 시간이 흐를수록 그분의 말씀에 공감이 된다. 일을 하면서 사소한 것 하나에 목숨 걸고 마음 상하고 스트레스 받으면 그 일을 오래할 수 없다. 그것은 병원뿐 아니라 어느 직장이든 마찬가지일 것이다. 그래서 병원에서 생존하기 위해 필요한 것은 지식과 기술, 마음은 기본이고 '그러려니' 하는 유연성이 더욱 요구된다고 생각한다. 나 역시 첫 신규 시절에 조금의 유연성을 가졌더라면 어쩌면 그곳에서 조금 더 배웠을지도 모른다. 직장 생존에 필요한 것이 유연성이라는 것을 깨닫기까지 조금 오래 걸렸다. 늘 사소한 것에 크게 걱정하고 사람들 말에 쉽게 상처 받는 '곧이곧대로' 성격이 오히려 나를 더 힘들게 했던 것 같다.

작년 겨울 베트남 다낭으로 여행을 갔다. 한창 떠오르는 여행지라고 하여 급하게 예약을 하고 떠난 여행이었다. 다낭에 도착해 마주한 첫 관문인 입국 심사에서 여행의 기분을 다 망칠 뻔했다.

"도대체 베트남 사람들은 일을 하는 거야, 마는 거야?"

나도 모르게 불쑥 불평이 튀어나왔다. 입국 심사 줄이 기다랗게 늘어서 있음에도 직원들은 느긋하게 일을 처리하고 있었다. 옆의 직원과 이야기하는 사람, 줄이 얼마나 긴지 훑어보는 사람 등 여유로워 보이는 모습에 더 화가 났다. 그렇게 한 시간 넘게 줄을 서고 거의 마지막으로 공항을 빠져나올 수 있었다. 하지만 가이드와 만나서 호텔로 이동하는 중에 가이드의 말을 듣고 조금은 마음을 풀 수 있었다.

"다낭에 와서 가져야 할 첫 번째 마음가짐은 바로 '그러려니' 하는 겁니다. 나라가 다르다 보니 분명 문화가 다르고 그래서 한국 사람들에게는 당연한 것이 여기에서는 그렇지 않을 수 있습니다. 거기에 너무 빈발심을 갖지 말고 그러려니 하는 마음을 가지면 여행이 더 즐거워질 수 있습니다. 저도 처음 일을 하기 위해 이곳에 왔을 땐 답답한 마음이 들었지만 어느덧 여유로운 마음을 가지고 이곳의 생활을 즐기고 있습니다. 여행이라는 것이 다른 나라의 문화를 느끼기 위해 온 것 아닙니까. 한국에서 느끼지 못한 여유로움을 느끼고 가신다는 생각으로 조금 참으시고 즐기시길 바랍니다."

가이드의 말에 나도 모르게 고개를 끄덕이며 마음을 가라앉힐 수 있었다. 여행은 당연히 다른 나라의 문화를 접하러 온 것이기에 기꺼이 다낭의 문화를 즐기기로 했다.

병원에서도 마찬가지가 아닐까 생각한다. 직장생활이라는 것이 나와 다른 사람들을 만나서 함께 조직 생활을 하며 거기에 서로 맞추어 가는 과정이다. 그리고

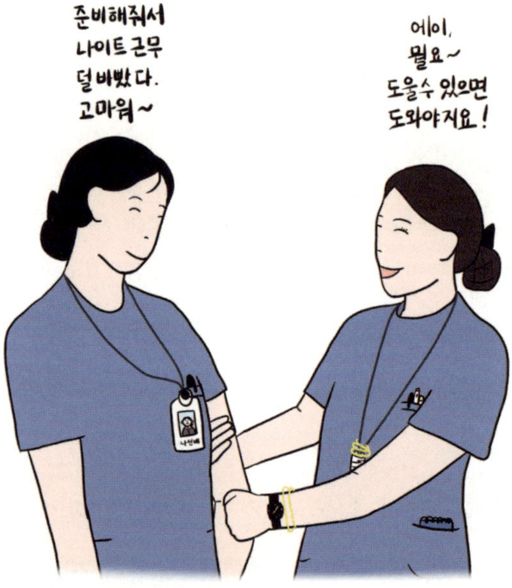

조직의 목표를 달성하며 서로 의지하고 격려하면서 동료애가 생기고 그렇게 친분을 쌓아가는 것이 아닐까. 나를 유독 힘들게 하던 사람도 막상 친분이 쌓이고 개인적으로 만나 보니 오히려 나와 잘 맞는 경우도 있었다.

병원에서 3년 정도의 경력이 쌓이면 동료들의 일하는 스타일도 눈에 들어온다. 그래서 같이 일할 땐 각각의 스타일에 맞춰서 일을 해 준다. 그러면 일을 하는데 더욱 분위기도 좋아지고 효율성도 올라가게 된다. 나만의 스타일을 강요하기보다는 서로의 스타일을 인정하고 어우러지게 일하는 방법도 내가 다양한 사회생활을 하면서 터득한 생존 방법이다.

사직서는 최후의 수단으로 사용하라

대학 졸업 후 2007년부터 대학병원 입사 2011년 전까지 약 4년 동안 나는 대략 4~5군데의 직장에서 일을 했다. 그만큼 사직서를 쉽게 쓴 사람이다. 사실 써 보니 한 번이 어렵지 그다음부터는 그리 어렵지 않았다. 이렇게 사직서를 쉽게 쓴 내가 이제는 사람들에게 사직서는 최대한 나중에 꺼내라고 말을 한다. 왜 그럴까? 그 이야기를 하려고 한다.

나의 신규 시절의 사직서는 대부분이 감정적인 퇴사였다. 일이 힘들어서 감정이 상하고, 동료들과 어울리지 못해 마음이 힘들고 외로웠던 나의 온전한 감정적인 문제들. 당연히 신규이기에 일을 해 나가는 속도는 느리고 서툴 수밖에 없다. 그것은 그렇다 치더라도 내 마음이 항상 문제였다. 자존감이 바닥으로 떨어져서 더 이상 못하겠다는 마음이 들었고, 해 보고자 하는 의욕이 거의 없었다. 이러한 나를 다독여 줄 친한 동료조차 하나 없는 외톨이 같은 신세였다. 결국은 내가 나를 그렇게 만든 것이기도 했다. 스스로를 그렇게 벼랑 끝으로 내몰고 사직서를 던지고 도망치듯 나왔다. 이렇게 퇴사를 하고 다시 새로운 병원에 도전해도 내 마음은 늘 그대로였기에 같은 상황은 또다시 발생했고 나약해진 감정으로 또 퇴사를 생각하곤 했다. 물론 경험이 쌓이면서 온전한 감정적인 퇴사는 줄어들기는 했으나 없지는 않았다. 그렇다 보니 부메랑처럼 계속적으로 그런 힘든 상황들이 발생하고 반복된다는 것을 깨닫게 되었다.

그래서 마지막 대학병원에서 근무할 때는 나의 한계를 뛰어넘어 보고자 지금까지와는 다른 시도를 했다. 대학병원에서는 갓 졸업했던 신규 시절보다 더 혹독하고 상처를 받는 일들이 더 많았다. 하지만 내 안에 이겨 내는 힘이 좀 더 성장했고 생각이 커졌기 때문에 조금은 버틸 수 있었던 것 같다.

처음 위기는 보호자로부터 입에 담기도 힘든 욕을 들었을 때이다. 내 잘못이 아닌데 오해를 한 보호자. 그것도 내 나이 또래 정도로밖에 보이지 않던 그 보호자로부터 욕을 듣고 나서는 부들부들 떨리는 몸을 주체할 수 없었고 당장이라도 명찰을 던지며 너나 잘하라고 하고 병원을 뛰쳐나오고 싶었다. 그렇게 끝날 줄 알았던 사건이 민원으로까지 연결되어 나는 회신사과문을 작성해야 했고 눈물 콧물을 다 빼면서 글을 적었다. 그때 나는 나의 상황을 설명하고 내가 잘못한 것이 아님을 증명하려고 적었지만 다시 되돌아와서는 그런 말은 다 빼고 사과하는 내용을 적어야 한다고 했다. 민원이 들어온 이상은 사과를 해야 하고 사후대처에 대해 민원인에게 보고를 해야 한다고 하니 서럽지만 그 방침을 따르기로 했다. 내 감정에만 따랐더라면 그날 당장 사직서를 던지고 나왔어야 했다. 내가 이런 대접이나 받으려고 여기서 일하는 게 아니라고 말하면서 말이다. 하지만 수 선생님께서 뭐 이런 일로 우냐고 괜찮다고 다독여 주셨고, 우리는 다 네 마음 아니까 너무 속상해 말라고 위로해 주는 동료들이 있어서 마음을 다잡을 수 있었다. 게다가 그 트라우마를 염려하신 수 선생님께서 환자들이나 보호자와 자주 마주치는 업무에는 조금 배제해 주시기도 했다. 이렇게 순간적인 감정이 잠잠해지면서 병원의 삶에 적응할 수 있었다.

그 다음 위기는 마음의 병이 찾아왔을 때이다. 중간

연차가 되면서 이리저리 다양한 일에 치이고 스트레스를 받으면서 나에게 우울증이 찾아왔다. 환자를 간호하는 간호사가 마음이 아픈데 과연 환자를 잘 간호할 수 있을까라는 의문이 생겼고 못할 것 같다는 나약한 생각이 내 마음을 두드렸다. 그때 나는 용기를 내어 수 선생님께 상담을 요청했다. 사실 얼굴을 보고 대화를 하기가 어려울 것 같아서 메일을 썼다. 메일을 읽으신 수 선생님과 전화로 간단한 면담을 했다.

"원경아, 많이 힘드니? 나라고 병원 생활에 힘든 게 없었겠냐. 40대에 처음 내시경실 와서 신규처럼 다시 배운다는 게 진짜 쉽지 않더라. 근데 시간이 지나니까 또 적응하게 되고 잘하게 되더라. 너도 잘하고 있어. 아직 환자, 보호자 마주하는 게 힘들면 검사실만 해. 그렇게 스케줄 짜 줄게. 괜찮다. 잘하고 있으니까 힘내고 월요일에 보자."

그때 참 많은 위로를 받았고 용기를 얻었다. 부서의

장이 나의 마음을 이해하고 배려해 주신다고 하니 힘듦을 이겨 내고자 하는 의지가 생겼다. 그리고 시간이 조금 흐른 뒤에는 동료들에게 조금씩 내가 스트레스가 많아서 힘들다고 털어놓으며 극복해 나갔다.

이렇게 두 번의 위기를 감정적이 아닌 다른 방법으로 해결하고자 했더니 좋은 방향으로 상황이 주어지고 계속 근무할 수 있게 되었다. 그래서 '1년만 버티자'라는 처음의 목표를 훨씬 넘어 4년 반까지 근무를 이어 나갈 수 있었다.

신규 시절 많은 사직서를 써 봤기에 말할 수 있다. 사직서를 쓰겠다고 말하기까지가 힘들지 막상 사직서를 쓰고 나면 일은 일사천리로 진행된다. 다소 섭섭할 만큼 말이다. 그렇기에 너무 쉽게 사직서를 꺼내지 않아도 된다. 그 사직서라는 놈은 가장 최후, 즉 정말 이대로 하다가는 내가 죽을 것 같을 때 꺼내도 늦지 않다.

사직서를 쓰기 전에 먼저 다른 방법을 찾아보는 일이 필요하다. 프리셉터나 수간호사와의 면담, 또는 부서이동 등 다양한 방법이 있을 것이다. 지금의 부서에서 나보다 더 많이 일해 본 사람의 조언을 듣는 것도 나쁘지 않다. 듣고도 내 마음의 변화가 없다면 사직서를 쓰면 된다. 또한 부서이동을 신청하고 다른 부서에서도 일을 해 본 후 결정해도 늦지 않다.

당장의 감정에 휘말려서 사직서를 써 버린 나의 신규 시절처럼, 후회하는 일이 없었으면 좋겠다.

3장

병원에서 꿈을 키우다

'되면 한다'가 아니라 '하면 된다'

대부분의 사람들은 무언가를 실행하기 전에 항상 핑계를 대곤 한다.

학생들은 여행을 가기 전에 '돈을 좀 벌고 가야지.' 라고 생각을 하며 여행을 가는 것을 미룬다. 또 직장인들은 자기계발을 하라고 하면, '시간이 없어서, 시간이 생기면 하겠다.'는 핑계를 대기도 한다.

이렇게 무언가를 이루기 위해 완벽한 준비를 하려고 한다면 결국 그것은 이루지 못한다. 성공한 많은 사람들은 실행력을 강조한다. 그들은 무엇인가 마음을 먹었으면 기필코 해내고야 만다. 더욱이 그들은 생각한 순간 바로 실행한다. 대부분의 사람들이 성공하지 못하는 이유는 바로 이러한 '실행력의 부족'이 아닐까.

나는 하고자 마음을 먹으면 무조건 해 보고야 마는 스타일이다. 일단은 시도해 보고 나와 맞지 않으면 바로 포기한다. 그런데 일단 시도하면 모든 일들이 잘 풀리게 된다. 반면에 핑곗거리를 찾다 보면 아무것도 이루지 못한다. 마음먹은 후 곧장 실행한다면 작은 성취라도 이룰 수 있다. 그리고 시간이 흐르면 그 당시 가졌던 열정 또한 식게 마련이다. 그렇기에 마음먹고 가슴 뛰는 것을 느낀 그 순간, 실행해야 가장 큰 효과를 얻게 된다.

대한민국 여성들이 가장 많이 하는 결심은 다이어

트 결심이다. 하지만 우스갯말로 '다이어트는 내일부터가 진리'라는 말이 나올 만큼 당장 실행에 옮기기가 힘들다. 나 역시도 결혼을 앞두고 살을 빼고자 다이어트를 결심했다. 하지만 실행력이 빠른 나조차도 병원 일을 끝내고 녹초가 되는 일상 속에서 실행하기가 쉽지 않았다. 그렇게 일주일이 지났다. 결심을 하고 일주일이나 '해야지, 해야지.'만 생각하다 시간을 흘려보낸 것이다. 그래서 얼른 정신을 차리고 퇴근길에 헬스장으로 가서 바로 등록을 했고 그때부터 운동을 시작할 수 있었다. 헬스장으로 향하는 발걸음을 바로 떼지 않았다면 아직도 '해야지, 해야지.' 하고 있었을지도 모른다. 하지만 일단 하고자 하는 것을 실행에 옮겼기에, 결혼식 전날까지 계속 운동을 유지할 수 있었다.

그때 또다시 느꼈다.

'그래, 무엇이든 일단 하면 되는구나.'

일단 해야 하는 행동력의 필요성을 느낀 후로는 생

각만 하지 않고 항상 실행하는 것에 주력한다.

또한 나는 책을 읽고자 마음을 먹으면 바로 서점으로 달려가 마음에 드는 한 권의 책을 사서 읽기 시작한다. 그러면 신기하게 술술 읽혀서 하루 만에 다 읽어 버리고 다음날 또 다른 책을 사 오기도 한다. 그렇게 책 읽기의 습관을 놓치지 않고 유지시켜 나가다 보니 지금은 한 번에 5권씩 책을 사와서 쌓아 놓고 읽게 되었다. 그렇게 책을 읽고자 했던 생각이 한 권의 독서로 이어졌고 더 나아가 5권씩의 폭넓은 독서로까지 점점 업그레이드되고 있다. 그리고 지금도 여전히 5년째 독서습관을 유지하고 있다.

이렇듯 무언가 마음을 먹었다면 실행할 환경이 만들어질 때까지 기다리지 말고 할 수 있는 환경을 만들어서 실행해야 한다. 그렇지 않으면 영원히 하지 못한다.

내가 아는 K양은 5년 전부터 피아노가 배우고 싶다고 했었다. 하지만 직장인반을 운영하는 피아노 학원을 찾기가 힘들고 시간이 잘 맞지 않아서 못 가겠다는 말을 했다. 그래서 나는 집 근처 가까운 학원에 문의해 보라고 했다. 하지만 귀찮다는 핑계로 나중에 알아보겠다고 하더니 5년이 흐른 지금도 여전히 아무것도 시도하지 못한 채 지내고 있다. 그러면서 아쉬운 마음을 드러내 보인다. '그때 배웠더라면 지금쯤 멋지게 피아노 한 곡은 연주할 수 있을 텐데 아쉽다.'고 말이다.

시간이 지나면 못할 이유들이 더 많이 생긴다. 한 가정의 아내가 되고 엄마가 되면 더욱 나만의 시간을 내기 힘들다. 지금 못 한다고 생각하다면 앞으로는 더 못 한다. 그렇기에 지금이 가장 적기라는 생각으로 작은 행동이라도 실행에 옮겨야 한다. 행동은 또 다른 행동을 낳는다. 생각을 통해 행동으로 옮기면 저절로 또 다른 행동이 따라온다. 그러므로 생각의 꼬리만 물지 말고 행동으로 당장 실행할 것을 권유한다. 그리고 일단 실행하면 모든 길들이 열린다.

내시경실에서 근무하던 당시, 주말에는 콜 당직(응

급내시경 환자가 있을 때 전화가 오면 가서 내시경 어시스트를 해 주는 것)이 있어서 무언가 배우는 데 시간을 온종일 보내는 것이 부담스러웠다. 그래서 휴대폰을 항상 소지하고 수업을 들었다. 하지만 배우는 내내 한 번도 콜 당직으로 불려간 적이 없다. 이런 콜 당직 때문에 주말에 무언가 배우려는 시도조차 하지 않았다면 지금의 나는 없었을 것이다.

얼마 전 읽은 자기계발서 『무조건 달라진다』에서 션영은 6장에서 뇌 해킹에 대한 이야기를 한다. 그중 뇌를 해킹하는 기술2에서는 몸을 움직이면 뇌는 속아 넘어간다고 말한다. 거기에 나온 연구는 참가자들에게 광고를 들려주고 그 광고의 권고사항에 동의하는지 조사하는 연구였다. 이때, 참가자들을 두 팀으로 나눠서 한 팀은 광고를 듣는 동안 고개를 위아래로 움직이고 다른 한 팀은 좌우로 움직이라고 했다. 그 후, 광고에 나온 권고사항에 동의하느냐고 질문을 했다. 그 결과는 광고를 보면서 고개를 움직이는 방향에 따라 참가자들의 동의 여부가 달라졌다. 고개를 위아래로 움직인 사람들이 좌우로 움직인 사람들보다 광고에 동의한 확률이 높았다. 이러한 결과가 나온 이유는 사람들이 보통 동의를 할 때 고개를 끄덕인다는 사실을 이용하여 끄덕이는 행동을 통해 본인들이 광고에 동의를 했다고 직관적으로 판단한 것이다. 이렇게 몸을 움직이면 뇌는 그렇게 동의하는 것으로 속아 넘어간다.

이 외에도 다양한 연구사례들로 몸을 먼저 움직여야 하는 이유에 대해 설명하고 있으니 더 자세히 알고 싶다면 『무조건 달라진다』를 읽어 보길.

무언가 하고 싶은 마음이 든다면 할 수 있는 환경이 될 때까지 기다리지 말고 내가 할 수 있는 작은 행동을 시작하면 저절로 환경이 따라온다. 그래서 나는 시간이 없어서 못한다는 사람들의 말을 믿지 않는다. 그들은 하고 싶은 마음이 없는 것이다. 진짜 원한다면 어떻게든 하게 되어 있다. 나 역시 새롭고 보다 나은 인생을 꿈꾸었기에 주말의 시간도 반납하고 배움에 투

자할 수 있었다. 게다가 당직 시간까지 바꿔 가면서 할 수 있는 환경을 만들기도 했다.

무엇인가 하고 싶은 게 있다면 될 때까지 기다리지 말고 일단 하라. 일단 시도하면 일들이 풀릴 것이다.

'되면 한다'는 말은 아직 할 마음이 없다는 것이다. 진정 원한다면 되게 하면 된다. 그러므로 원한다면 지금 당장 행동으로 움직여라.

'되면 하는' 것이 아니라 '하면 되는' 것이다.

가장 나답게 할 수 있는 일을 찾아라

이 세상에서 '유일하다'는 것만큼 최고인 것은 없다. '대체 불가능한 사람이 돼라!'는 말의 의미도 어쩌면 이 때문일지도 모른다.

주변에서 성공하는 사람들을 보면 남들도 다 할 수 있는 일을 잘하는 사람이 아니다. 그들은 자신만이 할 수 있는 것을 잘하는 사람이다.

내가 아는 J 씨는 플라워 컵케이크 비누 만들기의 전문가이다. 그래서 전국에서 J 씨에게 플라워 컵케이크 비누를 배우기 위해 몰려든다. J 씨가 그렇게 되기까지는 수많은 노력이 있었다.

J 씨는 평범한 회사원이었다. 그러다 늦은 나이에 결혼을 하고 빨리 아이를 가졌다. 그러면서 회사는 사직하였고, 아이를 돌보면서 할 수 있는 일을 찾게 되었다. 그러다가 J 씨를 사로잡은 것은 바로 천연비누였다. 손재주가 있어서 회사 다닐 때부터 동료들에게 직접 비누를 만들어 선물을 하곤 했었는데 그때의 손재주를 알아본 친한 동료가 천연비누 만들기를 해 보는 것은 어떻겠느냐는 조언을 해 주었다. 그것을 계기로 J 씨는 비누 만들기를 시작했다. 그러다 문득 케이크의 크림꽃을 보며 비누도 저렇게 예쁘게 만들어 볼 수 있겠다는 생각에 크림비누 만들기에 도전하여 수많은 시행착오 끝에 J 씨만의 레시피가 완성되었다. 그리고 제빵

학원을 찾아가 직접 크림 짜는 법을 배웠다. 그리고는 실제 꽃 사진을 보면서 비누 꽃 짜기를 연구하기 시작했다. 그렇게 수년간의 노력 끝에 J 씨만의 꽃 짜기 비법이 만들어졌다. 그리하여 블로그를 통해 플라워 컵케이크 비누를 알렸고, 지금은 많은 사람들에게 플라워 컵케이크 비누를 전수하고 있다.

이렇게 나만의 노하우를 가지는 것은 굉장히 큰 힘을 가지고 있다. 나는 취미로 천연비누를 배우면서 많은 강사들의 다양한 노하우를 배웠다. 강사들마다 자기만의 특별한 레시피가 있다. 그런 레시피가 만들어지기까지는 강사 각자의 대단한 노력과 시간이 들어간다. 수많은 실패를 거듭한 끝에 자기만의 레시피를 만든다. 그래서 그러한 레시피들이 함부로 인터넷이 나오지 않고, 오직 그 강사를 직접 찾아가야만 배울 수 있다. 그래서 나는 경기도, 서울 등을 드나들면서 그들의 노하우를 배워 왔다. 그 레시피가 탄생하기까지의 어떤 피나는 노력이 있었는지 알기에 나는 기꺼이 찾아

가는 노력을 아끼지 않는다.

나는 사진 꾸미기를 좋아한다. 그래서 병원에서도 동료들과 사진을 찍으면 원본은 모두 나에게 보내 준다. 그리고는 다들 예쁘게 꾸며서 다시 보내 달라고 한다. 그러한 말을 들을 때면 나는 기분이 좋다. 내가 꾸민 사진을 받으면 사람들이 좋아하기 때문이다. 그리고 내가 꾸며 준 사진을 자신의 프로필 사진으로 바꾼 것을 볼 때 정말 희열을 느낀다. 그렇다고 내가 디자인을 전공한 것도 미대를 나온 것도 아니다. 그저 아마추어 수준이지만 그들의 기대를 받다 보니 나 역시 자꾸 연구하게 된다. 더 예쁘게 꾸며 주고 싶은 욕심에서이다. 그래서 나의 꾸미는 실력도 점점 늘어간다.

소소한 사진 꾸미기에 재미를 붙이다 보니 이제는 블로그를 꾸밀 때에도 실력을 발휘하게 되었다. 블로그 마케팅을 시작하면서 사진을 하나하나 정성스럽게 올리기 위해 나만의 비법으로 조금씩 꾸며 준다. 그냥 사진만 올리는 것이 밋밋하게 느껴졌기 때문이다. 그러다 보니 주변에서 블로그에 올리는 사진은 어떻게 예쁘게 꾸몄냐고 질문을 해오기 시작했다. 그러면서 가르쳐 달라고 했다. 내가 좋아하는 일을 조금씩 개발해 나가다 보니 사람들에게 도움을 줄 수 있게 되었다.

'남을 돕는 일을 하자'는 비전을 가지고 살았던 것처럼 병원에서도 의사의 어시스트로 일하는 것이 나에게 더 맞았다. 그것을 깨닫게 된 것은 안과에서 일할 때였다. 안과 수술실에서 일하면서 수술 시 의사에게 필요한 기구를 건네주고 각 수술 단계마다 필요한 것을 미리 생각하는 것이 재미있었다. 그래서 그때는 '어떻게 건네주면 원장님이 더 수술하기가 편하실까.' 하는 고민도 많이 했었다. 그래서 더 잘하고자 많은 노력도 기울였다. 시야가 가려질 때는 원장님이 말씀하시기 전에 물을 뿌려 시야를 확보하고 물이 많아서 시야가 가려질 때는 석션(suction)을 하는 등 원활한 수술을 위한 다양한 시도도 했었다. 그렇게 해서 수술이 무사히 끝나면 정말 내가 수술한 것 같은 쾌감을 느꼈다. 그때부터 수술실 전담을 하고 싶다고 생각할 정도

였으니 말이다.

다행히 대학병원에 다시 입사한 후에도 내시경실에서 근무하게 되었다. 내시경실 역시 수술실처럼 의사들과 호흡을 맞추어야 했다. 환자들의 불평과 불만을 들어 주고 해결해 주는 일보다는 시술에 집중하는 것이 훨씬 낫다는 생각이 들었다.

내시경실에서도 수술은 아니더라도 치료적 내시경으로 시술이 자주 있다. 그래서 마치 수술실처럼 교수님들에게 필요한 기구를 전달하는 등의 조력자 역할을 해야 한다. 그래서 치료 내시경을 준비할 때는 필요한 기구를 미리 챙겨 놓는다. 그리고 여유가 있을 때는 어떤 부위에 어떻게 시술을 할 것인지 미리 차트를 보면서 알아 둔다. 미리 알아 놓고 시술에 들어가게 되면 어떻게 진행될 것인지 예상이 되기 때문에 훨씬 마음이 놓이고 편한 마음으로 임할 수 있다.

처음에는 시술 환자가 많지 않아 친한 후배간호사와 환자들의 차트를 보면서 미리 시술을 예상해 보고 끝난 다음에는 어떻게 했는지 등의 이야기를 나누곤

했다. 그렇게 서로 시술에 관해 이야기하면서 공부도 되었다.

내가 만약 처음에 내시경실이 아닌 병동으로 발령이 났다면 또 어떻게 되었을지 모른다. 환자들의 싫은 소리와 수많은 요구들을 감당하는 것이 나에게는 큰 스트레스를 가져다 주기 때문이다. 또 어떤 간호사는 병동이 자기 자신에게 잘 맞는다고 한다. 나는 병동보다는 시술 어시스트하는 것이 더 나답게 할 수 있는 일이었기에 4년이 넘게 일을 할 수 있었던 것 같다.

이렇게 간호사들이 일하는 분야도 다양하다. 자신이 가장 잘할 수 있는 분야에서 일한다면 큰 성과를 기대할 수 있다. 그리고 또한 자신이 좋아하고 잘할 수 있는 분야에서 일을 하면 누가 시키지 않아도 스스로 공부하고 또 더 연구하게 된다. 그러면서 스스로 성장하는 것이다.

성공한 사람들은 대단한 사람들이 아니다. 그저 자기가 가장 잘할 수 있는 일을 찾아 그것에 몰입한 사람들이다. 그러나 보통의 사람들은 자신이 잘할 수 있는 일을 찾는 것이 아니라 안정적인 것, 또는 사회가 인정하는 것을 찾아간다. 그것은 나의 인생이 아닌 사회의 기준에 맞춘 인생을 사는 것이다.

그러니 이제부터는 가장 '나답게 잘할 수 있는' 일을 찾아보자. 작은 것이라도 된다. 그리하여 자신만의 행복한 인생을 시작해 보라. 나답게 할 수 있는 일이 있다는 것은 정말 행복한 일이다.

뿌리 깊은 꿈을 가져라

내일 지구가 멸망한다면 오늘은 과연 무엇을 해야 할까? 지금 당장 하고 싶은 일이 있는가?

대부분의 사람들은 아마 5초 동안 머뭇거리다가 제대로 된 답을 하지 못할 것이다. 이렇듯 사람들은 자신의 꿈도 없이 그저 직장에 얽매인 채 다람쥐 쳇바퀴 돌듯 인생을 살아간다. 자신이 원하는 인생이 무엇인지 무엇을 위해 사는지도 모른 채 말이다.

병원 생활을 시작하면서 하고 싶은 것들이 많아졌다. 자칭 '꿈쟁이'라 부르며 많은 꿈을 꾸며 살았다. 처음 병원에 입사할 때는 면접관들을 보면서 나도 간호과장, 간호부장이 되어서 저 자리에서 면접관으로 있겠다는 꿈을 품기도 했다. 또한 병동이나 응급실에서 근무하면서는 나보다 먼저 입사해 능숙하게 일하는 선배간호사를 보면서 나도 저렇게 노련한 간호사가 되기를 꿈꾸기도 했다. 그리고 연차가 쌓이자 후배들에게 멋진 선배의 모습을 보이고 싶었다.

그렇게 일한 지 한 달, 두 달이 지나면서 점점 내가 꿈꾸던 멋진 간호사의 모습을 갖추어 갔다. 내가 되고자 한 롤 모델의 모습을 자꾸 따라하다 보니 말투까지 나도 모르게 따라하고 있기도 했다. 그러면서 꿈을 이루어 간다는 사실에 뿌듯함도 느꼈다.

하지만, 역경이 닥쳤을 때 그 꿈들은 연기처럼 사라졌다. 내 안의 목소리는 '아니야, 나는 간호사랑 맞지 않아.'라고 하며 현실을 피하려고 했다. 그러면서 또 다른 꿈을 찾아 나섰다. 역경 앞에 쓰러지는 꿈이 되어 버리고 말았고, 내가 꿈이라고 여긴 것을 하루아침에 꿈이 아니라고 스스로 부정해 버린 것이다. 그렇게 쉽게 포기해 버리고 나니 나의 자존감은 바닥으로 떨어졌다. 참으로 마음이 공허했다. 간호부장, 과장이 되고자 한 꿈은 어려움이 닥쳐왔을 때 쉽게 포기해 버릴 수 있는 그냥 얕은 꿈에 불과한 것이었다.

하지만 내 안에 흔들리지 않은 깊은 꿈이 단 한 가지 있었다. 그것은 바로 '사람들을 돕는 일'이었다. 사람들을 행복하게 해 주는 것, 사람들을 돕는 것은 내 마음 속 깊은 곳에 자리를 잡고 있었다. 그렇기에 또 다시 간호사의 이름으로 병원에서의 삶을 시작할 수 있는 디딤돌이 되어 주었다. 그리하여 다시 병원의 환경에 도전하여 조금씩 자존감을 회복시켰다. 아픈 사람들을 도울 수 있다는 것이 힘든 병원 환경에서 견딜 수 있는 유일한 힘이었다. 그러면서 봉사활동도 시작했다. 월드비전 일반인 홍보대사인 '비전메이커'로 활동하게 되었다. 나보다 힘든 사람들을 돕는 일을 시작한 것이다. 그것도 병원이라는 닫혀 있는 환경이 아닌, 내가 살고 있는 대구와 대한민국 그리고 세계를 품으면서 말이다.

거기서 만난 대학생인 K양은 이렇게 말했다.

"언니, 언니는 좋겠어요."

"응? 왜?"

"사람들을 돕는 일을 하면서 돈을 버니까요."

K양의 한마디에 많은 생각을 했다. 그러면서 나 자신을 대견하다 여겼다.

'그래, 나는 멋진 사람이야. 사람들을 돕는 일을 하면서 이렇게 돈도 벌고 있으니 말이야.'

내 안에서 견고하게 흔들리지 않는 단 하나, '사람들을 돕는 일'을 하는 꿈을 가지고 있었기에 힘든 병원 생활과 주말마다의 봉사활동도 담담하게 해냈다. 한 달에 한 번 비전메이커 모임에 참여해서 봉사활동에 대한 의견도 나누고, 함께 피켓을 만들어 시민들에게 홍보할 준비를 하면서 말이다. 오히려 비전메이커의 모임이 귀찮다기보다는 새로운 힘을 얻는 기회가 되었다.

그렇게 병원의 생활에 한 단계씩 적응하면서 꿈 너머의 꿈이 보이기 시작했다. 주변의 친구들도 똑같이 힘들어하는 모습을 보면서 말이다. 나 역시 우울증이 올 만큼 힘들게 병원 근무를 했지만, 다른 간호사들 역시 힘들지만 꿋꿋하게 일을 해내고 있다. 그렇게 힘듦에도 대단한 일을 해내고 있는 간호사를 위해 무언가가 하고 싶었다.

이러한 상황 속에서 나는 책을 찾기 시작했다. 자기계발서를 읽으며 스스로 동기부여를 할 수 있었기 때문에 또 다시 스스로에게 위로와 동기부여를 해 주기 위해서 책을 찾았다. 그러면서 간호사들을 위한 동기부여 관련 책이 없다는 사실을 발견했다. 간호사들의 힘든 일상을 공감해 주며 힘을 주는 책이 없다는 것이 안타까웠다. 함께 공감해 주는 간호사들의 생생한 스토리를 읽는다면 더 없이 큰 힘이 될 것 같았기 때문이다.

그래서 그때는 승무원들의 비행 이야기들을 담은 책들을 읽었다. 승무원들도 사람들을 상대하는 일이기에 간호사들과 비슷하지 않을까 하는 생각을 했기 때문이다. 역시 그녀들의 책을 읽으면서도 나는 위로를 받았다. 오히려 더욱 고된 승무원의 삶들이 느껴지기도 했다. 10시간 이상의 비행 중에도 웃음을 잃지 않고 고객의 안전과 행복을 위해 일하는 그녀들이 대단하다 느껴졌다. 그러면서 승무원들의 책은 많은데 간호사에 대한 책은 없다는 사실에 나는 꿈 너머의 꿈을 품기 시작했다. (물론 지금은 간호사들의 이야기가 책으로 많이 출간되고 있다.)

간호사들을 위한 멘토가 되어 주겠다는 꿈을 꾸었

다. 그리고 나의 힘든 병원 현장의 이야기들을 들려주면서 간호사들에게 힘이 되어야겠다는 생각을 했다. 특히 입사 1년 이내의 사직률이 높기 때문에 신규간호사들을 위한 멘토를 꿈꾸었다. 더 나아가서는 간호사들의 가슴을 뛰게 하는 책을 쓰겠다는 꿈을 그렸다.

환자를 돕는 것이 다였던 간호사에서 더 나아가 그러한 간호사들을 도울 수 있는 '간호사를 위한 간호사'가 되겠다는 꿈을 꾸게 되었다. 이것은 나의 깊은 꿈인 '사람들을 도와서 그들의 삶을 행복하게 해 주는 것'에 딱 맞아떨어졌다. 그때부터 내 가슴은 뛰기 시작했다. 그리고 바로 실행에 옮겼다. 출퇴근 전 30분의 시간을 독서의 시간으로 채워 나가기 시작했다. 피곤하고 힘들지만 내 안에 가슴 뛰는 깊은 꿈을 갖게 된 이상 행동할 수밖에 없었다. 병원에 출근해서도 점심시간을 비롯해 틈이 나는 대로 책을 읽었다(검사실에는 점심시간이 따로 있다). 그렇게 나에게 먼저 동기부여하기 시작한 것이다. 간호사들에게 동기부여하기 위해서는 내가 먼저 준비되어 있어야 하기 때문이다. 독서의 시간을 확보하기 위해 친구들과의 약속도 줄였다. 그렇게 나의 가슴과 머리에 긍정의 에너지들을 채워 갔다.

또한 간호사들을 위한 블로그도 운영하기 시작했다. 시작하는 단계였지만, 운영한 시간이 지날수록 간호사를 꿈꾸거나 간호사인 이웃들이 생겨나기 시작했다.

간혹 쪽지로,

> 병원 생활로 너무 힘든데, @.@;;
>
> 어떻게 꿈까지 꿀 수 있나요?!?

라는 질문을 받기도 했다. 그럴 때 나는 꿈이 없다면 더 힘들 것이라고 이야기하며 내가 읽는 책을 소개해 주었다. 또한 나의 힘들었던 시기들을 간단히 이야기해 주면서 그들의 힘든 일을 공감하고 들어 주었다. 그냥 공감해 주고 들어 준 것 뿐인데 그들은 나에게 굉장히 고마워했다. 그러면서 다른 사람의 가슴을 뛰게 해 주었을 때 나 역시 가슴 뛰는 것을 느꼈다. 이렇게 내가 꾸는 꿈에 대한 깊이가 더해질수록 역경에 견디는 힘이 점점 강해지고 있음을 느낄 수 있었다.

지금은 학교생활을 하면서 또 이렇게 두 번째 책을 쓰고 있다. 병원이 아닌 학교에서의 나의 역할에 대해,

나의 이야기에 대해서도 많이들 흥미를 가지고 궁금해하기 때문이다. 또한 평범하지만은 않은 나만의 경험을 사람들과 공유하고, 같은 생각을 가진 분들과 함께 공감을 나누고 싶다.

나의 책을 읽고 자신만의 꿈을 찾아 즐겁게 살아갈 간호사들이 많아지기를 꿈꾼다.

외모도
경쟁력이다

신규간호사 시절, 나의 출근 복장은 출근길에 편하게 뛸 수도 있고, 퇴근 후에는 부은 발이 쉽게 들어갈 수 있는 운동화에 편한 청바지였다. 출근길이 지옥 같아서 예쁜 옷을 입고 나가야지 같은 생각은 사치였을 뿐더러 평소에도 외모 꾸미기에는 별로 관심이 없어서였다. 그리고 어차피 병원에 가면 유니폼을 입으니 내가 지금 입는 옷은 크게 상관이 없다고 생각했다. 그런데 어느 날 책임간호사 선생님과 퇴근을 같이 하게 되었는데 나의 복장을 보신 선생님은 이렇게 말씀하셨다.

"신규 샘아, 옷을 좀 예쁜 거 입고 다녀라. 월급 받아서 뭐 하니? 옷도 좀 사고 해. 간호복 벗으면 환자들이 모를 것 같지? 하지만 얼굴을 다 기억한다. 그래서 사복을 입어도 좀 단정하고 예쁘게 입어야 네 이미지에도 좋단다. 알겠지?"

처음 이 말을 들었을 땐, 조금 충격이었다. 일과 관련된 지적만 받다가 갑자기 외모 지적이라니. 아무도 이런 부분에 대해서는 말해 준 적이 없어서 생소하면서도 충격적이었다. 옷까지 신경써야 하다니. 업무에 대한 스트레스에 이미 마음이 가시밭이어서 이러한 충고 또한 좋게 들리지 않았다. 그리고는 지금 12년이라는 시간이 흘렀다! 이제야 책임간호사 선생님의 말씀이 무슨 의미인지 이해가 된다. 그동안 사람에게 외모가 얼마나 중요한지 깨달았기 때문이다. 외모의 중요성을 깨닫기 시작한 것은 4년 전, 이미지 메이킹을 배우면서부터이다.

승무원 출신인 제갈소정 대표의 '이미지 메이킹 강의'를 들었다. 여자에게는 누구나 아름답고자 하는 욕구가 숨어 있듯이 나 역시 나에게 맞는 컬러와 이미지를 알고 싶었다. 첫 강의에서 이미지 메이킹의 중요성을 배웠다. 외모가 얼마나 중요한지를 보여 주는 실험 영상을 보면서 내가 그동안 이미지에 대해 많이 놓치고 살았구나 생각했다.

> 한 남성이 평소대로 캐주얼한 의상을 입고 마네킹 옆에 서 있다. 이때 지나가는 여성들에게 이 남성이 어떤 남자일 것 같은지, 이 남자가 사귀자고 한다면 사귈 것인지에 대해 질문을 했다.
>
> 그리고 이번엔 그 남성이 이미지 메이킹을 한 후, 정장과 헤어스타일을 바꾸고 서 있다. 그리고 또 지나가는

현명한 엄마되기
꾸준한 독서, 책쓰기
꿈은 이루어진다! 꿈꾸는 여자
북카페 경영
책쓰기 프로젝트
Dream
아이들과
소통하는
교사
수제비누 만들기
간호사들 멘토, 롤모델…
강연하기!
blog
인기블로거 되기
여성 CEO!!!
반려동물과
같이살기!

꿈을 찾아가는 과정에서 가장 먼저 선행된 것은 바로 '자기 확신'이었다. 내 스스로 나의 잠재능력을 인정하기 시작했다.

'나도 할 수 있다.'

'나도 꿈을 이룰 수 있다.'

'나도 성공할 수 있다.'

매일 이렇게 외치며 하루를 시작했다. 지금도 마찬가지다. 그동안 현실 때문에 접어야 했던 꿈들을 다시 할 수 있다고 외친다. 그리고 내 안의 한계도 없앴다.

이렇듯 꿈이라는 것은 굉장한 힘을 가지고 있다. 소심하고 자신감이 없던 나에게 할 수 있다는 자신감을 심어다 주었고, 그저 평범하게 사는 꿈만 꾸던 나에게 꿈 너머의 더 큰 꿈을 꿀 수 있게 해 주었다.

그렇게 꿈을 꾸기 시작하니 행동력이 뒤따라왔다.

잠이 많던 내가 새벽 5시에 일어나기 시작했다. 책을 읽기 위해서이다. 특히, 자기계발서를 읽었다. 책을 읽으면서 계속해서 동기부여를 받았다. 꿈을 꾸고 꿈을 이루기 위해서는 끊임없는 동기부여가 필요했기 때문이다. 또한 감명 깊게 읽은 부분이나 기억하고 싶은 부분들은 독서 노트에 따로 옮겨 놓기도 했다.

그때 읽은 책 중 한 가지를 소개하자면 김수영의 『멈추지마, 다시 꿈부터 써 봐』이다. 김수영 씨는 중학교 중퇴를 한 '문제아'였음에도 골든벨을 울리고 연세대까지 합격하면서 간절히 원하면 이루어진다는 것을 몸소 보여 주었다. 그리하여 골드만삭스까지 입사했지만 몸에서 암세포가 발견되면서 죽기 전에 자기가 해 보고 싶은 꿈을 써 내려가기 시작한다. 그렇게 꿈을 위한 김수영의 세계도전이 시작된다. 그리하여 지금까지 국민 꿈 전도사로 청춘들에게 큰 영향력을 미치고 있다.

꿈이라는 것이 이렇게 굉장한 힘을 가진 것이다. 암이라는 질병이 그녀의 꿈을 막지 못했다. 오히려 더 악착같이 꿈을 향해 달릴 수 있게 해 준 촉진제가 된 것이다. 우리가 현실에서 말하는 핑계는 이제 더 이상 통하지 않는다.

친구 L양은 간호학생 시절부터 '노인 간호'에 관심이 많았다. 그래서 L양은 남들이 선호하는 대학병원도 뒤로한 채 노인전문병원에 입사했다. 그리고 노인병원 경력을 쌓으며 노인전문간호사 자격증 취득을 위해 전문간호사 대학원 과정을 밟고 있다. 그리고 널싱홈을 운영할 것이라는 더 큰 꿈도 품고 있다. 그래서 L양은 병원생활이 힘들어도 꿋꿋하게 견뎌 냈다. 간호사 생활을 시작하면 3개월마다 슬럼프가 찾아온다. 그때마다 이 일을 계속할지 그만둘지 고민이 많아진다. 그러나 L양은 그런 슬럼프조차 오지 않은 듯하다. 그리하여 그녀는 10년째 여전히 꿈을 위해 고군분투하고 있다.

당신도 지금 당장 나만의 드림 리스트를 작성해 보라. 거창한 것을 쓰라는 것이 아니다. 사소한 것부터 써 내려가다 보면 진정 큰 꿈도 발견하게 될 것이다.

후배 A는 드림 리스트에 '병원 생활 1년 견디기'를 썼다. 간호사들의 이직률이 높다 보니 힘든 환경에서 적어도 1년은 견뎌 보자는 목표를 삼았다. 힘든 상황을 이겨 내는 경험을 통해 자신은 분명 성장할 것이라고 했다. 이러한 것도 괜찮다. 또 친절 간호사 되기, 프리셉터 되기 등 작은 것에서부터 점점 큰 것으로 자유롭게 자신의 꿈을 써 보라. 그러면 나처럼 큰 꿈을 찾게 될 것이다.

드림 리스트를 작성할 때는 오직 '할 수 있다'라는 생각으로 가능성에 제한을 두지 말고 쓸 것을 권한다. 그래야만 진정한 나만의 꿈을 꿀 수 있다.

꿈은 행복한 인생을 열어 주는 열쇠임을 잊지 말라. 꿈이라는 열쇠를 쥐고 행복한 인생을 열어 나가길 응원한다.

4장

세상에서 꿈을 펼치다

- 꿈을 간호하다 -

내 생애 첫 사업자등록

책 쓰기를 배우고 강연과 마케팅 강의를 들으면서 1인 기업에 대한 확고한 의지가 생겼다. 남들에게 이끌려 사는 수동적인 직장생활이 아닌 내가 원하는 일을 주도적으로 해 보고 싶다는 생각이 들어서이다. 더 나이가 들면 이런 무모한 도전도 하기 어려울 것이라 생각했고 실패해도 지금은 충분히 다시 일어설 힘이 있다고 믿었다. 그래서 일단 부딪쳐 보기로 했다. 그리하여 그때 내가 가지고 있던 천연비누와 캔들 만들기의 재능을 살려서 사업자등록을 했다. 아로마테라피 자격증과 캔들 강사 자격증까지 있었기에 인터넷으로 간단하게 사업자등록을 마무리했다. 이렇게 처음으로 대표가 되어 나만의 이름으로 비누와 캔들을 판매하게 되었다. 설레고 뿌듯하면서도 한편으론 긴장감이 밀려왔다. 과연 내가 잘할 수 있을까.

로고 디자인 업체를 통해 '버블퀸'이라는 상호명으로 귀여운 로고와 홍보 스티커까지 만들었다. 그리고 블로그도 꾸미고 내가 판매할 상품에 대한 설명글로 블로그를 채우기 시작했다. 더 예쁘게 사진 찍기 위해 다양한 소품을 활용하기도 하면서 늦은 밤 홀로 고군분투하기도 했다. 그리고 온라인 판매를 위해 필수라는 통신판매업 등록 절차도 마쳤다. 직접 해 보기 전까지는 그냥 하면 되는 줄 알았는데, 막상 시작해 보니 소소하게 손이 가는 일들이 많았고 새삼 대표라는 자리는 쉽게 되는 자리가 아님을 깨닫게 되었다.

알록달록 예쁘게 만든 화과자 비누는 종종 온라인으로 구매요청이 와서 판매가 되었고, 부케컵케익 비누는 가까운 지인들의 주문이 많았다. 온라인으로만 알리는 것에 한계를 느끼고는 오프라인에서 이루어지는 플리마켓 작가로 참가 신청을 했다. 그전에 참가한 작가들과 분야가 겹치지 않아 흔쾌히 참가할 수 있었나. 공휴일, 남편과 함께 내가 만는 비누를 가지고 롯데영플라자 앞에 자리를 잡고 다른 수많은 작가들과 함께 나만의 소품을 판매했다. 처음이라 사람들 앞에서 판매한다는 것이 쉽지 않았다. 그래도 지인들이 많이 찾아와 주었고 그 덕분에 힘을 내었다.

그리고 캔들 주문을 대량으로 받게 되는 좋은 기회를 얻었다. 지인분의 도움으로 홍보가 잘 이루어져서 하루 10세트 이상씩 주문이 들어오게 되었다. 통장으로 바로 들어오는 돈을 보며 기분이 저절로 좋아졌다. 하지만 혼자서 수작업을 해야 하는 상황이라 주문이 많이 들어올수록 점점 행복하지만은 않았다. 밤새 만들어도 시간이 부족할 지경에 이르러 결국 주문에 제한을 하였다. 그전까지 받은 주문을 처리하느라 버겁기는 했지만, 제조업은 혼자서 하기에는 한계가 있음을 깨닫게 해 주는 경험이 되었다.

그 후, 사업의 영역을 더욱 확장하기로 했다. 꾸준히 강연 수업과 독서 스터디를 통해 깨달은 나의 큰 비전을 다시 떠올리며 독서 코칭과 책 쓰기 코칭, 진로 코칭 등 컨설팅까지 추가 업종으로 신고를 하면서 상호명도 드림 자기계발 아카데미로 바꾸었다. 그리고는 다양한 커리큘럼을 기획했다. 코칭을 위한 컨설팅도 받았다. 이미 나보다 먼저 다양한 컨설팅을 하시는 대표님을 3시간 가량 만나 조언을 구하며 나만의 커리큘럼을 만들어 가기 시작했다.

이제는 사무실을 찾아야 했다. 처음에는 '스터디룸을 빌려서 하면 되겠지.'라는 생각을 했지만 나만의 공간이 필요하다는 결론을 내리고 여기저기 발품을 팔기 시작했다. 그 당시엔 1인 기업가를 위한 1인 사무실 임대업이 활발히 이루어지고 있던 터라 쉽게 찾을 수 있었지만, 가격대가 맞으면 사무실 환경이 아쉬운 부분들이 있었고 사무실과 회의실 등 환경이 마음에 들면 가격대가 높아졌다. 나만의 공간을 찾는 일도 쉬운 일은 아니었다. 그리하여 일단 카페나 스터디룸에서 하기로 결정했다.

시간이 흐르면서 온라인으로 상담문의가 들어왔다. 온라인으로 코칭을 하거나 전화 또는 직접 만나서 코칭을 진행했다. 슬럼프에 빠진 간호사들이 많았고 대부분 이야기를 들어 주고 내가 읽고 도움이 되었던 책을 추천해 주었다. 육아로 인해 오랜 시간 경력이 단절되었던 간호사들에게도 도움이 되는 조언과 스스로 이겨 낼 수 있게 도움이 되는 몇 가지 미션들도 알려 주었다. 그렇게 조금씩 일이 진행되었다. 캔들과 석고방향제 판매와 가끔 들어오는 코칭으로 3개월 정도 사업이 지속되었다.

첫 달에는 캔들 대량 주문으로 병원 월급만큼 벌어들였기에 어려움은 없었으나 2, 3개월이 지나면서 고정적인 수입이 없음에 불안해졌다. 매달 들어오는 수

입이 있다가 없어지니 빨리 더 많이 돈을 벌어야 한다는 생각에 마음이 조급해지기도 했다. 게다가 혼자서 일의 모든 것을 도맡아 하려니 힘들고 외로웠다. 나의 부족한 부분을 채워 줄 수 있는 마음 통하는 동업자가 있었으면 하는 생각도 들었다. 그러다 내가 너무 준비가 덜 된 상태에서 시작한 것이 아닌가 하는 생각이 들었고 조금 더 내공이 필요하다는 생각을 했다. 그래서 나를 더 단련시킬 수 있는 일, 이왕이면 내가 하고자 하는 일에 도움이 되는 일을 찾아보기로 했다.

'다 때가 있다'는 어른들의 말씀처럼 나에게도 내가 좋아하는 일을 업으로 하는 그 '때'라는 것이 올 것임을 믿으며 지금도 준비하고 있다.

학생들의 꿈을 간호하다

나의 첫 1인 기업 도전을 마무리하고, 새로운 일자리를 찾아보던 중 보건교사 채용공고를 보게 되었다. 참 흥미로운 것은 보건실에서 근무하는 보건교사가 아니라 보건과목을 수업하는 보건교사라는 것이다. 주변 친구들에게 물어보아도 그 일에 대한 정보가 거의 없었다. 그래서 호기심으로 지원하였고 새로운 경험을 해 보자는 마음으로 일을 시작했다.

처음에는 생소한 간호과목 수업과 학생들 생활지도가 버겁게 느껴졌다. 게다가 교사와 간호사 사이의 정체성 혼란도 찾아왔다. 그렇게 마음을 닫고 일을 했었다. 하지만 일을 하면 할수록 이 일은 내가 하고 싶어 했던 모든 것들을 아우르는 일임에 틀림없다는 것을 깨닫게 되었다. 학교에서 학생들에게 지식을 가르치고 상담하고 생활지도하는 업무는 학생들의 꿈을 간호하는 일이라 생각되었다. 그래서 언젠가부터는 꿈을 간호하는 간호사라는 마음으로 매일의 일상에 임하게 되었다. 꿈을 간호한다는 그 단어 자체에 가슴이 뛰었고 하고자 하는 의욕이 불타올랐다.

내가 가르치는 학생들 중 반 이상은 보건계열에 관심을 가지고 보건특성화고에 진학한 학생들이었다. 물론 자의가 아닌 타의에 의해서 온 학생들도 많은 편이었지만 보건계열의 직업에 조금씩은 관심을 가지고 있었다. 그래서 간호사 출신의 선생님들을 자신의 롤모델로 설정하여 학생들은 꿈을 키웠다. 롤모델을 매일 학교에서 만나고 병원의 현실적인 이야기를 들으니 저절로 동기부여가 되는 것 같았다. 특히, 고3이 되면 더욱 자주 찾아와 자신의 진로에 대해 털어놓으며 조언을 구했다. 그럴 때 내가 알고 있는 모든 것을 동원하여 알려 주면, "선생님, 감사해요. 저도 꼭 간호사 되고 싶어요."라고 말한다. 그렇게 다시금 꿈에 부풀어 돌아가는 학생들의 모습을 보며 하루의 피로를 씻었다. 지금도 내가 전해 주는 정보를 통해 학생이 자신의 진로 설정에 도움이 된다는 것에 여전히 보람을 느낀다. 진정한 꿈 간호를 하고 있는 느낌이 들기 때문이다.

의료법규 수업을 할 때는 어려운 법규 용어들을 쉬운 말로 풀이해 주고, 병원에서 경험한 의료법 관련 사례들을 들려주면 학생들이 초롱초롱한 눈으로 나의 이야기에 집중했다. 이때, 내 안에 개그 본능이 숨겨져 있다는 사실도 처음 알았다. 사례를 이야기할 때 큰 제스처와 다소 우스꽝스러운 말투로 생생하게 이야기를 하면, 조는 학생 하나 없이 재미있다며 까르르 넘어가는 학생들의 모습에 괜히 기분이 더 좋아졌다. 이것이야말로 개그본능이 아닌가.

나의 수업 모토도 '재미'이다. 학생들이 하루 중 가장 오래 생활하는 곳이 학교이기에 학생들이 수업에 재미를 느껴야 공부를 하고 집중할 것이라는 생각에서 '재미'를 모토로 삼았다. 아직까지는 이러한 수업에 괜찮은 평을 받고 있다. 앞으로 또 세대가 변하면 수업방식도 바꿔야 하겠지만 지금은 더욱더 재미있는 수업을 위해 연구하고 또 연구한다.

의료법규 수업을 3년째 맡으면서 나의 수업방식도 발전했다. 처음에는 배운 내용을 수업시간에 다시 한 번 정리하자는 의미에서 빈칸 채우기 학습지를 만들어 학생 스스로 정리할 수 있는 시간을 주었다. 분명히 집에서는 따로 공부를 하지 않을 것이기에 수업시간에 외우자는 생각에서 시도한 것이었다. 하지만 그것만으로는 다소 지루하다는 생각이 들었고, 다양한 수업 관

련 밴드에 가입하여 재미있는 활동지를 많이 수집했다. 그리하여 다음으로 시도한 것이 네모로직 활동지였다. 주어진 문제도 풀고 숨겨진 캐릭터를 찾을 수 있는 일석이조의 활동지였기에 학생들이 신기해하며 열심히 문제를 풀었다. 그래서 거의 2년간 계속 활용했던 학습지이다. 그리고 더 획기적인 수업방법을 찾다가 의료법 위반 판결사례를 활용하여 학생들이 직접 판결문을 작성하는 것도 좋겠다는 생각에 판결문 만들기를 시도했다. 판결문만 읽기엔 심심하다는 생각에 인터넷으로 판사 봉도 주문했다. 아주 귀여운 돌잡이용 판사봉이 도착했고, 수업시간에 학생들의 인기를 얻었다. 한 번쯤은 판사 봉을 두드려 보고 싶은 호기심을 자극했기에 수업이 재미있을 수밖에 없었다.

이렇게 수업을 준비하고 그 수업을 이끌어 가는 것은 나의 시간과 비용을 지불해서라도 연구할 만큼 나에게 있어서는 가치 있는 일이다.

반면, 학교에서 가장 힘든 것은 행정적인 업무였다. 학교 시스템이 어떻게 흘러가는지를 전혀 모르기 때문에 행정적인 절차가 가장 복잡하게 느껴지고 어려웠고 다양한 문서작업들도 그러했다. 간호사로 일하면서는 전혀 접해 보지 않은 낯선 일이었기에 더욱 어렵다고 느껴졌다. 문서로 보고서를 쓰는 일보다 그냥 몸으로 뛰는 편이 낫다는 생각이 들 정도였다. 지금까지도도 그 생각에는 변함이 없지만…. 하지만 문서작업도 계속 하다 보니 익숙해지고 처음보다는 덜 어렵게 느껴진다. 하기 싫다고 느껴지는 이러한 일들도 학생들의 꿈을 간호하는 일이라고 생각하고 하면 그나마 할 만하다. 역시 마음가짐의 문제인가.

나는 학교에서 간호를 하고 있다. 학생들의 꿈을 위해 그리고 즐거운 학교생활을 위해서 말이다. 나의 간호를 받는 학생들의 안녕을 위해 어려운 문서작업을 완성하고 침 튀도록 열정적으로 수업을 하며 학생들의 이야기에 귀를 기울이고 있다.

여기가 내 꿈터입니다

병원에는 처음 입사를 하면 프리셉터로부터 병원 생활에 대한 전반적인 교육을 받는다. 그런 시스템이 익숙한 나에게 학교 시스템은 낯설었다. 병원처럼 한 사람이 나를 전적으로 교육해 주는 분위기가 아니었다. 신규 교사들을 모아 놓고 연수를 통해서 나이스 사용법에 대해 알려 주거나 수업방법에 대해 알려 주는 것이 다였다. 그리고 그 외에는 쉽게 말해 닥치는 대로 그때그때 해결해야 했다. 나는 특별히 옆자리 선생님께 도움을 많이 받았다. 아무래도 가깝게 앉아 지내다 보니 바로바로 모르는 부분을 물어볼 수 있었고, 또 친절하게 알려 주셨기 때문이다.

수업에 대해서는 나와 함께 입사한 신규 교사들과 함께 교수방법, 시험문제 출제 유의사항 등에 대한 연수를 4회에 걸쳐서 수석교사로부터 배웠다. 수업방법에 대해 배우는 시간은 처음 듣는 내용들이 많아서 굉장히 흥미로웠다. 수업이 없는 시간에 하나라도 더 배우기 위해 쉼을 포기하고 모였는데, 그 시간이 조금씩 기대되기도 했으니 말이다. 내가 배워 온 수업방식과는 차원이 다른 획기적인 수업방식이었다. 스마트폰을 활용하거나, 놀이가 활용되는 등 교사의 역할보다 학생들의 활동 비중이 큰 수업이었다. 면접 때 질문을 받았던 하브루타와 배움의 공동체의 의미가 무엇인지도 알게 되었다. 하브루타는 토론형식의 수업방식이고, 배움의 공동체는 한 명의 아이도 소외되지 않고 모든 아이에게 질 높은 배움을 보장하는 것을 철학으로 한다. 다양한 수업방식 중에 나에게 가장 잘 맞고 재미있던 방식은 비주얼 싱킹(visual thinking)이다. 주제에 대한 자신의 생각을 글과 이미지를 통해 표현함으로써 이해력과 기억력을 키우는 시각적 사고방법이다. 복잡한 이론도 간단한 글과 이미지로 표현하니 더 쉽게 이해되었다. 당연히 학생들도 재미있어할 것 같아서 유독 나는 비주얼 싱킹에 더 많은 시간을 투자하여 공부를 하게 되었다. 비주얼 싱킹 연구회에도 가입하며 다른 선배 선생님들이 수업에 적용하는 학습지도 참고하면서 나만의 수업을 디자인해 나가기 시작했다. 그 과정이 귀찮고 어렵다기보다 나를 흥분되게 만드는 시간이었다.

예전의 주입식 수업만 들어 왔던 나에게 학생들이 참여하여 수업을 완성해 나가는 현대의 수업방식이 무척 재미있고, 수업에 대한 열정을 불태우도록 만들어

주었다. 그리고 새로운 것을 배우는 것이 자극제가 되어서 수업방법 연구에 흠뻑 취해 지냈던 것 같다. 돈도 벌면서 새로운 것을 배운다는 것이 일상에 짜릿함으로 다가왔다. 이렇게 배운 다양한 교수기법들이 나만의 코칭 커리큘럼을 만들 때 훌륭한 도구가 될 것이라 여겼다. 이렇게 나는 직장이 돈만 버는 일터가 아닌, 꿈을 위해 준비하는 꿈터로 조금씩 바뀌어 가고 있었다.

또한 매일 평균 4시간씩 수업을 하면서 사람들 앞에서서 말하는 연습을 하는 것이라 여겼다. 훗날 더 많은 책을 쓰고, 다양한 사람들을 만나 강연과 코칭을 하면서 필요한 기술이 분명 말하는 기술이기에 이것 또한 훈련하는 시간이라 생각하니 결코 그냥 만만하게 여길 수 없는 부분이었다. 물론 처음에는 돈을 벌기 위해 일을 시작했지만, 이곳이 나의 꿈을 키울 수 있는 무대로 자리잡으면서 나의 마음가짐도 달라졌다. 이왕 하는 거 더 열심히, 더 많이 배우고 제대로 하고 싶었다. 그래서 연수를 통해 배울 수 있는 부분들을 많이 배우려 노력했고, 학생들과도 소통하기 위해 노력했다. 지식을 알려 주는 것, 그 이상의 소통이 나의 수업 50분 안에는 분명 필요한 요소이기 때문이다. 학생들은 좋은 말을 듣는 것이 아니라, 좋아하는 사람의 말을 듣는다는 것도 조금씩 알게 되었다. 학생들과의 기본적인 라포 형성이 되어야 나의 말에 귀를 기울이며 수업을 집중해서 듣기 시작한다는 것을. 이것은 모든 사람에게도 적용되는 것이라 생각된다. 이렇듯 나에겐 학교에서 일상 하나하나가 미래를 위한 훈련이었다.

김미경 강사의 『드림온』이라는 책에서 '꿈을 이루는

일곱 가지 법칙' 중 6번째 법칙으로 '일터를 꿈터로 만들어라'라는 부분이 있다. 예전에는 이 부분을 읽으며 그냥 흔한 자기계발서가 하는 말 정도로 여겼다. 하지만 나에게 학교가 꿈터로 느껴지기 시작하면서 다시 이 부분을 찾아 읽어 보았다. 글자 하나하나가 와닿기 시작했다. 그저 예쁜 말 좋은 말이 아닌 진짜 내 삶을 이야기하는 것이었다.

그 책의 내용을 좀 더 이야기하면 직장인은 두 부류로 나뉜다. 일을 '일처럼' 하는 사람과 일을 '꿈처럼' 하는 사람이다. 일처럼 하는 사람은 일이 생계수단 그 이상도 그 이하도 아니다. 그래서 시키는 일 외에는 절대로 하지 않는다. 하지만 꿈처럼 일을 하는 사람은 작은 일을 맡겨도 최선을 다하며 시키지 않은 일까지 도맡아 한다. 그러니 일의 성과에서 차이가 날 수밖에 없다. 일을 일처럼 하는 것과 꿈처럼 하는 것. 둘의 결과는 엄청난 차이를 보이지만 둘의 차이는 능력의 차이가 아닌 태도의 차이이다. 일하는 태도만 바꾼다면 누구나 꿈처럼 일을 할 수 있다. 나 역시 학교에 일하기 위해 들어갔지만 새로운 학습방법을 배우면서 흥미를 느끼고 더 나은 수업을 위해 누가 시키지 않아도 스스로 연수에 참여하고 배우기 위해 애쓰면서 저절로 꿈터가 되었다. 그 사이에 나의 태도가 변했기 때문이다. 어차피 해야 하는 수업이라면 제대로 하고 싶었고, 일하는 것 자체가 미래를 위한 공부라고 생각하니 사소한 것 하나에도 최선을 다하게 되었다.

'일을 꿈처럼 하는 태도만 있다면 어느 곳에서든 자신의 꿈을 만들어 갈 수 있다.'
'일터는 꿈터다. 드림 인턴이라면 어떤 직장에서든 꿈의 요소를 발견해, 배우고 익히고 성장할 수 있어야 한다. 내가 발 딛고 있는 현장을 소중히 여기는 사람만이 꿈같은 일을 이룰 수 있기 때문이다.'

처음은 서툴기 마련이다

학교에서 선생님들이 수업만 한다고 생각하면 오산이다. 나 역시 처음에는 교사라는 직업을 떠올리면 수업만 한다고 생각했다. 하지만 학교라는 곳에 들어와서 보니 수업은 교사들이 하는 업무 중 하나에 불과했다. 수업 외에도 해야 할 업무들이 굉장했다. 멀리서 보면 희극, 가까이서 보면 비극이라는 말이 이럴 때 쓰는 게 아닐까 싶을 정도였다.

처음 내가 맡은 업무는 진로직업체험 행사를 준비하는 일이었다. 물론 주 업무 선생님이 계시고 나는 보조업무를 맡았지만 처음 하는 일이라 뭐가 뭔지 몰라서 더 어려웠던 것 같다. 진로직업체험은 중학생을 대상으로 간호사에 대한 직업을 체험할 수 있게 해 주는 체험교실이다. 우리가 해야 할 일은 체험할 수 있는 부스를 몇 개로 나누고 그곳에 도우미 학생을 배치하여 어떻게 체험을 이끌 것인지 교육하고 당일 중학생들을 어떤 순서로 체험을 진행할 것인지 기획하는 일이었다.

기획을 맡은 세 명의 선생님이 모여서 함께 회의를 하고 행사의 틀을 짰다. 그리고 각 부스별 배치할 학생들의 인원과 부스별 교육을 맡을 선생님들을 정하고 그에 필요한 준비물들을 계산했다. 행사 하나를 진행하는 데 처음부터 끝까지 선생님들이 기획하고 준비해 나간다는 사실을 처음 알았다. 그리고 보니 학교행사 준비는 누가 하는지에 대해 깊게 생각해 본 적도 없었다. 행사 당일에 부스별로 학생들이 체험에 참가하는 중학생들을 맞이하고 체험을 이끌어 가지만 그 뒤에는 보이지 않는 선생님들의 끊임없는 교육과 점검이 존재한다. 특히 행사 당일에는 청소상태와 준비물 배치 상태까지 꼼꼼하게 점검해야 한다.

체험이 진행되는 와중에도 선생님들은 계속 서로 연락을 주고받으며 체험에 차질이 없도록 항상 대기했다. 그래서 체험 중 갑작스러운 돌발 상황에 그때그때 대처하면서 무사히 마무리 할 수 있었다. BST 체험에서는 기계가 고장이 나서 새로운 기계로 교체를 하고 주사 체험에서 주사기가 부족할 때는 다시 채워 넣는 등 항상 그 체험 현장을 지켜보아야 했다. 그래서 그날 수업이 있다면 수업 교체를 해서라도 행사장에 항상 상주해야만 했다. 이렇게 나의 첫 업무는 무사히 끝이 났다. 주 업무 선생님의 주도하에 보조업무를 맡은 두 명의 선생님이 서로 합이 잘 맞아서 일이 별 탈 없이 끝난 것 같다.

그런데 그 다음해에 직업체험 행사를 내가 주가 되어서 맡게 되고 보니, 보조로 맡을 때와 달리 부담감이 컸다. 전에 해 봤던 일이었지만 책임감의 무게는 확실하게 달랐다. 새삼 작년 직업체험 담당 선생님이 대단하게 느껴졌다.

일단은 작년의 기억을 더듬으며 순서대로 진행했다. 잘 모를 때는 작년 담당 선생님들을 찾아가 조언을 구하며 조금씩 해내고 있었다. 부스는 작년 그대로 한다고 결정하여 새로운 커리큘럼을 짜야 하는 부담감을 버릴 수 있었다. 가장 어려운 것이 학생을 선정하는 일이었다. 보건간호과 학생들에게 직업체험 행사에 도우미는 모두가 한 번쯤 해 보고 싶어 하는 일이었다. 중학생 때 직업체험에 참가한 학생들은 도우미 언니들의 모습을 보고 도우미가 하고 싶어서 우리 학교에 온 학생도 있을 정도였다. 그래서 면접을 통해 학생을 선발하기로 했다. 각 반별로 추천을 받아서 방과 후에 면접을 봤다. 면접을 보면서 학생들의 열정이 느껴져 선발을 함에 더 고민이 되기도 했다. 하지만 직업체험 행사에 필요한 인원은 정해져 있었기에 꼭 맞는 학생들을 선발하여 각 부스별로 배치를 했다.

그 다음부터는 교육이 기다리고 있었다. 부스별로 어떻게 체험을 설명할 것이고 학생들에게 어떻게 체험을 이끌 것인지 정하고 연습하도록 하는 시간이다. 준비물은 잘 갖춰져 있는지 학생들이 멘트를 잘 준비해서 외웠는지 등등 확인해야 할 것들이 많았다. 그러다 보니 종이에 몇 번을 적어 놓고도 까먹기 일쑤였다. 게다가 일을 하면서 나의 단점을 새로이 발견하게 되었다. 나는 리더가 되기는 글렀다는 것을. 일을 남에게 시키는 것, 업무분담을 제대로 하지 못하고 혼자서 해내려고 했다. 그래서 스트레스를 잔뜩 안고 일을 했다.

그래서일까. 결국 행사 당일 체지방 체크하는 기계가 고장이 나서 체험을 중단시켜야만 했다. 학생의 도움 요청에 얼른 달려가서 프린트기를 확인하고 또 확인해 보았지만 작동이 되지 않았다.

'아, 왜 진작 확인을 안 해 봤을까. 내가 못할 것 같으면 다른 선생님께 부탁드렸어야 했는데….'

그때부터 불안감이 엄습해 왔다. 그리고 자책하기 시작했다. 처음으로 내가 맡아서 하는 업무이니 잘해내고 싶다는 생각에 이러한 실수가 오점으로 남을까 그것이 신경이 쓰이기 시작했다. 그리고 또 하나, 엎친 데 덮친 격으로 간식이 학생들 체험시간에 맞춰서 오지 못한다는 것이다. 간식 도착 시간을 미리 체크하지 못한 것이 나의 실수였다. 다른 부서에서 간식을 함께 주문하였기에 당연히 알아서 잘했으리라 그냥 넘겼다. 결국 부장님께서 중간에 나가서 빵을 사오셨다. 그때 눈물이 나기 시작했다. 난 잘하고 싶었는데 실수투성이로 끝나버린 것이 못내 아쉬웠다.

학교에서 일하면 병원처럼 울 일이 없을 줄 알았는데 결국 또 울고야 말았다. 학교든 병원이든 뭐든지 처음이 어렵다는 것을 또 깨달았다. 학교의 업무는 내가 해 보지 않은 또 다른 분야이다. 그렇기 때문에 어려울 수 있고, 서툴 수 있다는 것을 인정해야만 했다. 그리고 그렇게 받아들이는 것이 편했다. 이 일을 계속하기 위해서는 말이다.

나는 사랑받을 가치가 있다

나의 학교 입문기 약 1년의 시간이 지나고 담임이라는 새로운 자리를 맡게 되었다.

담임이라니….

보통의 보건교사는 보건실에서의 업무이기에 담임

의 업무는 전혀 상상해 볼 수 없는 일이었다. 하지만 보건특성화고이기에 가능한 담임의 자리는 재미있을 것 같다는 설렘과 처음이라는 긴장감의 양가감정을 함께 가져다 주었다.

1학년 담임을 맡은 나는 입학식을 앞둔 3일 전부터 얼굴 한번 본 적 없는 새로운 아이들을 만날 생각에 심장이 두근거려 잠이 오지 않았다. 드디어 입학식 날이 되었고 정신없이 하루는 흘러갔다. 나의 핸드폰으로 날아온 28개의 문자로 그날 하루를 마무리했다. 이름과 번호가 적혀 있었고 잘 부탁한다는 말들이었다.

'그래, 드디어 시작되었구나. 잘해 보아야겠다.'

첫 담임을 하면서 나의 학급경영 원칙, 아니 철학이라고 할까. 그것은 바로 아이들의 자존감 키우기였다. 학생들과 약 1년 정도 함께 생활하면서 느낀 것은 자신의 소중함을 잘 모른다는 것과 자존감이 대체로 낮다는 것이었다. 그래서 우리 반 아이들만이라도 자신의 소중함을 깨닫게 해 주자는 마음으로 아침 조례시간에 간단한 활동을 준비했다. 청소를 마친 후 모두 모이면 간단한 전달사항을 전하고 자신을 쓰다듬으며,

"나는 사랑받을 가치가 있다."
라고 외치는 것이다.

다른 사람에게 사랑을 받기를 기다리거나 인정받고자 하는 마음 이전에 내가 나부터 먼저 나를 인정하고 사랑해 주어야 한다는 취지를 설명하고 매일 외치기를 반복시켰다. 처음에는 어색해하던 아이들이 내가 깜빡 잊은 날에는 오늘은 왜 안 하냐고 할 정도로 자존감 키우기 활동에 다들 조금씩 익숙해져 갔다.

나를 사랑해 주기를 한 달 정도 하고 난 뒤엔 하나의 활동을 덧붙였다. 바로,

"너는 사랑받을 가치가 있다."
라고 옆 친구에게 해 주는 것이다.

이것 또한 쑥스러워 하면서도 곧잘 따라해 주었고 그 속에서 나 역시 아이들 틈에서 같이 외쳤다.

하루는 아침 조례시간에 교장선생님께서 학교 순회를 하시다 우리 교실에 들어오셨다. 우리 반의 아침 프로젝트, '나는 사랑받을 가치가 있다'를 한창 열심히 외치고 있는데 갑자기 들어오셔서 깜짝 놀랐다. 하지만 늘 하던 활동이므로 끝까지 하고 마무리를 지었다. 그날 오후 교장선생님께서 나를 교장실로 부르셨다. 그때의 기분은 학창시절 교무실로 불려가는 기분처럼 뭔가 모르게 불안했다. '내가 뭐 잘못한 거 있나?'

교장실에 들어서자 인자한 미소로 맞이해 주셨고 그제야 불안은 내려놓을 수 있었다. 학교생활에 대한 것, 학생들에 대한 것 등을 말씀하시다가 아침 활동에 대해 언급하셨다.

"아침에 순회하다가 우연히 봤는데, 특이해서 인상에 남았습니다. 무슨 활동을 하신 거죠?"

"네, 교장선생님. 제가 학교에 있어 보니 요즘 학생

들이 자존감도 낮고 자기 자신을 사랑할 줄 모르는 것 같아서 그렇게라도 스스로 외치면서 자신을 좀 더 사랑하라는 취지로 활동을 하고 있습니다."

"아, 좋은 것 같네요. 인상적이어서 물어보고 싶었습니다."

나의 좋은 취지를 알아봐 주시니 기분이 좋아졌다. 사실은 첫 담임을 맡아 학급을 어떻게 운영할지가 항상 고민이었고, 주변 선생님들께서는 늘 담임 재량이라는 말씀만 하셔서 더 답답했었다. 하지만 내가 생각하고 시도한 활동에 좋은 평을 주신 것 같아서 안심이 되었다.

이렇게 나는 학생들의 인성 부분에 좀 더 초점을 두고 지도를 하고자 마음을 먹었다. 그래서 회복중심 생활교육이라는 것에도 관심을 가지고 연구회 밴드에 가입하고 연수에도 참여를 했다. 거기서 '서클 놀이'라는 것을 알게 되었다. 둥글게 앉아서 수업을 듣거나 놀이 활동을 통해서 학생들이 서로 간에 마음을 열고 비폭력 대화를 하는 것이었다. 처음 연수에 참여하면서 바로 든 생각은 '수업시간에 놀이라고?!'라는 것이었고, 책상도 다 치우고 교실에 둥글게 앉아서 몸을 움직이면서 논다는 것이 나의 편견으로는 시도해 볼 수 없는 활동이라고 단정지어 버렸다. 하지만 그러던 내가 이 서클 놀이를 직접 적용해 보게 되었는데, 그 발단은 한 학부모님의 전화 때문이었다.

"선생님, 안녕하세요. 저는 OO이 엄마입니다. 다름이 아니라 OO이가 학교생활에 적응을 하지 못해서 학교 가기를 거부하고 있습니다. 친한 친구들이 없어서 학교 다니기 싫다고 집에만 오면 울고 난리인데 어떻게 해야 할지 몰라서 이렇게 전화를 드렸습니다. 우리 애가 사교성이 없는 애도 아닌데 친구 문제로 이렇게 힘들어할 줄은 몰랐네요."

새로운 환경에 아직은 적응을 못하는 아이들. 학부모의 전화뿐 아니라 친구 사귀기 힘들다고 나에게 찾아온 학생도 여럿 있었다. 고등학교라는 새로운 환경에서 새로운 친구 사귀기에 어려움을 겪고 있는 우리 반 아이들을 위해 과감하게 나의 편견을 깨고 서클 놀이를 감행했다.

책상을 창가 쪽으로 다 밀고 의자만으로 둥글게 앉을 수 있게 원을 만들었다. 그리고 모두 둘러앉게 한 후 한 사람씩 소개를 하도록 하고 게임을 시작했다. 게임은 너무나도 고전적인 '당신은 당신의 이웃을 사랑하십니까'이다. 너무 고전적인 게임이므로 설명을 생략한다. 학생들이 처음에는 "에이 그게 뭐예요."라고 하더니 금방 게임 속으로 빠져들었다. 흥겨운 배경음악까지 깔았더니 아이들은 신이 났다. 옆 사람과 손을 잡고 자리가 계속적으로 바뀌면서 이리저리 움직이며 조금씩 서로 마음의 문을 연 듯 보였다. 물론 나만의 생각이지만. 그렇게 50분간의 수업을 마치고 우리 반 아이들을 지켜보기로 했다. 조금은 친해졌으리라.

몇 주 후, 그전에 전화 주신 학부모님께서 또 다시 전화가 왔다. 아이가 학교에 잘 적응하고 있다는 것이었다. 나의 노력에 감사한다는 말씀에 나의 자그마한 노력이 들킨 것이 내심 기쁘기도 했다.

한편으로는 역시 아이들은 놀면서 친해진다는 것을 깨닫는 계기가 되기도 했다. 수업 활동에 왜 놀이가 필요한지 경험을 통해 비로소 알게 된 것이다.

학급운영의 딜레마

"학생들이 참 조용하네요."

이런 말을 들은 지 한 달쯤 되었을까. 우리 반 학생들은 서서히 조금씩 자신들의 본모습을 드러내기 시작했다.

언제 서로 어색하게 지냈냐는 듯 교실이 시끌벅적해졌으며, 쉬는 시간마다 우리 반 수업이 힘들다며 찾아오시는 교과 선생님들 뵙기가 다소 민망할 정도였다. 또 친구들과 친해지고 나니 문제가 생기는 것은 다툼의 문제였다. 친하게 지내다 보니 서로 마음에 상처를 입히기도 하고 서운한 일이 발생했고 그로 인해 나의 쉬는 시간은 학생들로 인해 쉴 틈이 없었다.

1학기 내내 상담교사가 된 기분으로 나의 쉬는 시간은 모두 친구관계로 힘들다는 학생들을 차례대로 불러서 상담을 해야 했다. 기나긴 스토리를 듣고 나면 기가 다 빠져나가는 것 같았고 결국에는 내가 해 줄 수 있는 것은 없었다. 그저 상처받은 마음을 위로해 주고 상대 친구의 마음을 대변해 주는 것. 그리하여 다시 관계가 좋아질 수 있도록 조금의 변화된 행동을 격려하는 것이었다. 그렇게 해 주면 며칠 뒤 또 아이들은 언제 싸웠냐는 듯 금방 다시 친하게 지내는 학생도 있었다.

아이들의 사소한 다툼은 시작에 불과했다. 우리 반

에는 다소 기가 센 학생이 있어서 학교폭력이 발생하기도 했다. 학교폭력위원회가 열리기도 하고 매월 열리는 선도위원회에는 나는 1년 내내 개근을 해야 했다. 학교에 적응하기가 무섭게 우리 반 악동들은 교칙을 조금씩 위반하기 시작했다. 지각은 기본이요, 복장 위반에 수업태도 불량 등으로 벌점이 매일 쌓여 갔다. 그렇게 시끌시끌하게 하루하루를 보내다 보니 문득 내가 과연 학급운영을 잘하고 있는 것일까라는 의문이 들었다. 아니 어쩌면 회의감이 맞을지도 모르겠다.

나의 기본 철칙은 '학생들을 존중하자'였다. 그래서 아이들이 하는 이야기를 귀담아 듣고자 했고, 때로는 엉뚱한 질문을 할지라도 타박하지 않고 침착하게 답을 해 주고자 노력했다. 그리고 아침마다 '나는 사랑받을 가치가 있다' 운동을 통해 자신의 자존감을 조금이나마 높일 수 있기를 원했다. 자신을 사랑할 줄 알아야 남을 사랑하고 배려할 수 있다고 생각했기 때문이다. 첫 담임을 맡은 나의 열정만 앞선 학급운영 때문이었을까. 그렇게 하면 학생들이 더 착실하고 열심히 학교생활에 임할 줄 알았는데 하루하루 사건사고로 넘쳐났다. 그러면서 나는 조금씩 지쳐 갔고 나의 운영철학에도 의문이 들기 시작했다.

'내가 잘하고 있는 걸까.'

'나도 조금은 강압적으로 나갔어야 학급이 좀더 평화롭지 않았을까.'

그렇게 혼란스러울 때는 괜히 더 무섭게 화를 내기도 하고 차갑게 대해 보기도 했다. 하지만 이것은 나의 성격과 전혀 맞지 않아서 하루를 넘기지 못했다. 또 더욱 힘든 것은 내 앞에서는 잘하는 모습을 보이지만 다른 선생님께는 다소 불공손한 행동을 보여 문제를 일으킨다는 것이다. 나에게는 보이지 않던 행동을 다른 사람에게 한다니 상상이 되지 않으면서 속상하기도 했다.

'내 앞에서 하는 것처럼 하면 혼날 일이 없을 텐데.'

그렇게 고민하고 혼란스러워 할 때, 옆에 계신 선생님께서 격려와 위로를 보내 주셨다.

"선생님, 잘하고 계신 거예요. 너무 신경 쓰지 마세요. 정답은 없으니 선생님의 성향에 맞게 잘 이끌면 되는 거예요."

그 위로 덕분에 조금 힘을 낼 수 있었다.

'그래, 나는 처음이니까. 처음부터 잘할 순 없지.'

이렇게 매일 나를 다독이며 하루하루 힘을 내었다. 병원도 만만치 않은 곳이지만 학교 역시 절대 만만하지 않은 곳임을 또 다시 실감했다. 밖에서 보는 교사와 직접 들어와 경험하는 교사의 위치는 너무나 달랐고 해야 하는 일도 많았다. 그저 편해 보인다고 좋은 직업이라 말하는 이들에게 가서 그렇지 않다고 말해 주고 싶었다. 그리고 1학기 마지막, 나의 에너지를 다

써서 거의 방전 상태가 되었을 때 방학이 찾아왔다. 그제서야 알았다. 학교에 방학이 있는 이유를. SNS에서 발견한 문구가 완전히 가슴이 박혔다.

「선생님이 미치기 직전에 방학을 하고 엄마가 미치기 직전에 개학을 한다.」

이 문구를 읽으며 고개를 얼마나 끄덕였는지 모른다. 1학기 때 지친 심신을 잠시 쉬게 하며 2학기를 준비하는 쉼표 같은 방학이 절대적으로 필요함을 깨달았다. 방학이라고 해서 선생님들이 무조건 노는 것은 아니다. 2학기를 위한 수업연구와 그에 따르는 다양한 연수과정이 있으며 내가 있는 학교에서는 학생들이 병원 실습을 나가기 때문에 실습지도도 해야 했다. 그래서 약 3주간의 여름방학은 눈 깜짝할 사이 지나가 버렸다.

그리고 찾아온 2학기. 다들 1학기 마지막 인사로 2학기 때는 좀 조용할 것이라는 위로의 말들이 많았는데,

나는 1년 내내 시끌시끌했다. 하지만 1학기 때 경험이 있으니 스트레스는 덜 받으면서 벌어지는 다양한 사건들을 해결했다.

한번은 학생의 가출로 인해 주말 내내 학부모님과 연락하며 걱정을 하느라 밤잠을 설쳤다. 하지만 알고 보니 친구들과 짜고 친구 집에서 잘 자고 있으면서 연락이 안되는 척 어른들에게 거짓말을 한 것이었다. 이 일이 나의 1년 중 가장 화가 많이 났던 사건이었다. 어른들을 속이고 거짓말을 했다는 것이 받아들이기가 어려웠다. 그래서 꽤 오랫동안 그 일과 관련된 학생들이 나의 눈치를 봤던 것으로 기억을 한다.

그 외에도 여기에 다 적을 수 없는 다양한 일들이 많았고 그만큼 나도 성장했다. 이렇게 시끌시끌한 1년이었지만 그 덕분에 우리 반 아이들과 정도 많이 쌓였다. 미운 정이라는 게 이런 것일까. 마지막 진로시간에 롤링페이퍼를 쓰는 시간을 가졌는데, 펑펑 울며 나에게 편지 쓰던 학생이 있었다. 함께 고생했던 추억이 있었기 때문일까. 나도 눈물이 차올랐고 그동안 수고했다며 어깨를 토닥여 주었다.

편지에는 하나같이 1년 동안 고생만 시켜서 죄송하다는 말들이 많았다.

'알기는 아는구나. 내가 얼마나 고생했는지.'

편지에 적은대로 2학년 되어서는 꼭 더 성숙한 모습으로 생활하길 기대해 본다.

나만의 추억을 선물하다

학교생활에서 가장 좋은 것은 내가 배우고 싶은 것을 배울 수 있고, 해 보고 싶은 것을 시도해 볼 수 있다는 것이다.

수업 관련 밴드에서는 나의 호기심을 자극하는 다

양한 수업방법들이 넘쳐났고 나의 열정을 불타오르게 하는 열정적인 선생님들도 많았다. 밴드에 올라오는 많은 수업방법들과 학습지 그리고 학급운영방법들을 읽으며 나의 수업에도 적용해 보는 것이 학교생활의 즐거움이었다.

한번은 밴드에 중학교 선생님이 입학식 날, 알록달록 색종이로 칠판에 포토존을 만들어 학생들이 사진을 찍고 서로 친해질 수 있는 공간을 마련해 둔 것이 참 마음에 들었다. 그래서 나는 그 정도까지는 아니더라도 첫 만남을 준비하고 싶어졌다. 그래서 꺼낸 것은 PPT였다. 다양한 그림 자료들을 가지고 와서 내가 하고 싶은 말들을 적고 학생들의 번호도 알릴 수 있도록 파일을 넣었다. 만드는 과정에서는 첫 만남의 설렘을 미리 그려 볼 수 있어서 즐거웠다. 물론 첫 만남에서는 노트북과 교실 TV연결에 오류가 생겨서 한참을 연결하느라 진땀을 빼기도 했지만 겨우 연결에 성공하여 PPT로 소개할 수 있었다.

학생들과의 첫 만남을 준비하면서 또 하나 계획한

것은 학생들의 수업시간이나 학교행사에서의 모습을 사진으로 모아서 학년이 끝나는 마지막에 영상으로 만들겠다는 것이다. 지난 1년간의 학교생활의 모습을 다시 돌아봄으로써 주변 친구들과의 추억을 다시 돌이킬 수 있다는 것이 굉장히 재미있고 감동적일 것 같았다.

그래서 수업시간에 학생들의 모습을 자주 찍었다. 학습지 활동을 하는 시간엔 교실을 여기저기 누비며 다양한 학생들의 모습을 카메라에 담았다. 그저 평범한 수업시간의 모습이지만 지나고 나면 얼마나 그리워지는지 잘 알기 때문이었다.

그리고 입학한 날로부터 100일째 되는 날, 내가 만든 영상을 수업시간에 틀어 주었다. 100일의 기념은 3월 한 달간 학교적응 문제, 교우관계 등으로 힘들어한 학생들이 많았음에도 지금껏 학교생활을 잘해 왔다는 기념적인 의미였다. 유독 이 100일이 힘들었던 학생들은 눈물을 보이기까지 했다.

이렇게 100일을 기념하여 동영상을 만들었더니 학생들이 다음 영상을 기대하는 듯했다. 그래서 그다음 동영상은 1년의 마지막 수업인 12월 마지막 수업일로 잡았다. 그리고 지난 1년간의 사진들을 골라 영상 여기저기에 넣으며 제작에 들어갔다. 영상 만들기 역시 두 번째라서 그리 어렵게 느껴지지 않았다. 1년의 마지막 동영상은 더 뜻깊은 의미가 있다고 생각하여 고심하여 만들었다. 특히 배경 음악을 고르느라 얼마나 많은 음악을 들었는지 모른다. 이별과 관련된 음악, 새로운 도전과 관련된 음악 등을 검색하며 몇 가지를 마지막 순위에 두고 매일 반복해서 들었다. 그러다 나의 마음을 울리는 무한도전의 '그래, 우리 함께'라는 노래를 골랐다. 이 노래에서 '그래, 괜찮아. 잘해 온 거야. 그 힘겨운 하루 버티며 살아 낸 거야. 지지 마. 지켜 왔던 꿈들 이게 전부는 아닐 거야. 웃는 날 꼭 올 거야.'라는 가사가 가장 마음에 들었다. 내가 해 주고 싶은 말들을 함축적으로 담고 있는 듯했기 때문이다.

그리고 노래를 들으며 사진을 어떻게 배치할지 고민하며 영상을 만들었다. 만들면서 나도 모르게 눈물을 훔친 적이 한두 번이 아니었다. 나의 첫 제자라는 애틋

함과 1년간의 지나간 모든 일들을 사진으로 보며 기쁘기도 하고 아쉽기도 한 만감이 교차했다.

눈물로 만든 영상은 12월 마지막 진로시간에 보여주었다. 화면에 집중하는 학생들의 초롱초롱 빛나는 눈빛에 울컥해서 교실 밖으로 나와 버렸다. 만들면서 그렇게 울었는데 또 울게 남았나 싶었다. 겨우 진정시킨 다음 다시 교실로 들어갔다. 영상은 거의 끝나가고 있었고 학생들의 눈시울이 붉어져 있었다. 지나간 일들을 영상으로 다시 추억하며 함께 롤링페이퍼를 쓰며 편지를 나누었다. 나 역시 함께 참여하여 그동안 못다 한 말들을 나누며 인사하는 시간을 가졌다.

누군가 이 일을 시켰더라면 이렇게까지 만들지 못했을 것이다. 나의 자발적인 의사로 시작한 일이기에 더 재미있었고 몇 번이나 고쳐야 하는 과정도 즐기면서 할 수 있었다. 그리고 이 영상을 보고 좋아할 학생들을 떠올리니 힘이 나서 밤잠도 줄여 가며 늦은 밤 혼자서 영상편집을 했다.

힘든 한 해였지만 추억할 수 있는 영상이 남아 있어서 다행이라 생각한다. 너무 힘들게만 기억되지 않으니 말이다.

사진 속에선 학생들과 내가 웃고 있고, 힘든 줄 모르고 밤새 만들며 즐거워하던 내 모습이 떠올라 가슴이 뭉클해진다.

드림보드,
종이 위의 기적

2017년, 연구학교 프로젝트에 참여하여 연구수업을 하게 되었다. 물론 혼자가 아닌 팀을 이룬 공개수업이었다. 바로 옆자리 선생님과 함께 팀을 만들어서 '꿈 신문 만들기'라는 주제로 연구수업을 준비하게 되었다. 그동안 내가 읽어온 책의 내용을 바탕으로, 드림보드를 만들었던 경험을 학생들에게 알려 주고 직접 만들어 볼 수 있게 하는 수업을 계획했다.

수업을 준비하면서 그전에 읽었던 박지성의 『꿈꾸는 다락방』과 모치즈키 도시타카의 『보물지도』를 다시 읽으면서 꿈을 생생하게 이미지화하는 방법에 대해 연구하기 시작했다. 그리고 집에서 만들던 드림보드를 다시 뒤적이며 신기한 것을 발견했다.

한창 간호사로 열심히 일하던 당시 내가 가진 지식과 경험을 가지고 사람들에게 강의를 하고 싶다는 막연한 꿈이 있었다. 간호사로 사람들 앞에서 강의를 하려면 그 당시엔 대학원을 가서 교수가 되는 길이 전부라고 생각했다. 하지만 대학원을 가지 않고 강단에 서고 싶어서 만들어 놓은 명함이 하나 있었다. 칠판 앞에 간호사 복장으로 서있는 모습을 일러스트로 그려서 나의 명함으로 만든 것이다. 그것을 보는 순간 소름이 돋는 것 같았다. 지금 내 모습과 같았기 때문이다. 간호사라는 경력과 간호학을 전공한 지식으로 고등학교에서 학생들에게 지식을 나누는 일을 하고 있는 지금 내 모습을 그대로 반영하고 있었다. 이미지화하여 생생하게 꿈꾼다는 것이 이런 효과를 가져다 주는 것인가.

생생하게 꿈을 꾼다는 것은 그만큼 그 꿈에 대한 확고한 신념이 있다는 것이 아닐까라는 생각이 들었다. 그저 막연한 꿈이 아닌 간절함이 더욱 반영된 것이라고 할까. 책에서는 머릿속으로 자주 그 꿈을 그리게 되면 우리의 뇌는 그 꿈과 관련된 것들만 끌어당겨서 그 꿈을 더 빨리 이룰 수 있는 방향으로 자연스럽게 이끌게 된다고 공통적으로 말하고 있다. 그림이나 사진으로 자신의 꿈을 시각화했을 때, 머릿속으로 그저 막연히 그리는 것보다는 더욱 현실에 가깝게 느껴지고 정말 이루어진 느낌마저 들었기에 그 꿈과 더 가까워질 수 있었다고 생각한다.

이러한 경험이 있었기에 수업을 준비하는 데에는 더욱 신이 나고 재미있었다. 그렇게 당일이 되었고 부담없이 즐겁게 수업을 진행할 수 있었다. 이미 학생들은 한창 '꿈꾸는 다락방'의 열풍으로 꿈을 시각화하여 생생하게 꿈꾸는 것에 대해 많이들 알고 있었다. 그래서 조금 더 수월하게 수업을 진행할 수 있었다. 백 마디 말보다 직접 자신의 꿈을 시각화해 보는 것이 좋을 것 같아서 말은 짧게 하고 바로 직접 만드는 시간으로 들어갔다. 방과 후의 시간임에도 자진해서 연구수업에 참여하고 열정적으로 임하는 학생들을 보고 있으니 엄마 미소가 저절로 지어졌다.

수업을 하면서 항상 느끼는 것은, 학생들의 창의력은 머리가 굳어 버린 성인에 비하면 한없이 풍부하다는 것이다. 꿈 신문 역시 다양한 컨셉으로 자신만의 꿈을 그려 나가는 모습을 보니 감탄사가 절로 나올 만큼 기발하고 재미있는 것들도 있었다. 인스타그램의 모양을 본떠서 만드는 학생도 있었고 진짜 보물을 찾아가는 것처럼 지도를 만들어서 꿈을 찾아가는 여정을 나타내는 학생도 있었다. 미리 미래의 원하는 자신의 모습을 그려 보기도 하고, 가고 싶은 취업처를 사진으로 출력해 와서 친구들과 '나는 여기 꼭 가고 싶어.'라고 말하면서 집중하여 만드는 모습이 정말 귀엽기도 했다. 그리고 평소에는 잘 몰랐던 그 학생의 진짜 꿈을 알 수 있는 시간이라 귀하게 여겨졌다. 학생들에게 있어서는 잘 모르는 친구나, 선배, 후배 앞에서 자신의 꿈을 명확하게 말하면서 다시금 꿈을 진지하게 생각해 볼 수 있는 시간이 되었다고 말했다. 연구수업에 참여한 모든 학생들의 꿈 신문 발표가 끝나고 서로의 꿈 신문을 감상하는 시간을 가지며 마무리하고 징거버거로 배를 채웠다.

학생들과 지낼 때는 꿈을 이야기하는 시간이 가장 재미있다. 꿈이 뭐냐고, 내 주변의 사람들에게만 물어도 꿈 같은 것은 학생 때나 생각해 보는 게 아니냐고 반문하는 사람도 많다. 그리고 그저 지금처럼 편안하게 사는 게 꿈이라는 다소 현실적인 꿈을 많이들 이야기한다. 그래서 그들과의 꿈 이야기는 재미없다. 하지만 학생들은 다르다. 수업시간에는 멍하게 있던 학생들도 꿈과 관련된 이야기, 또는 미래에 대한 이야기를 하면 눈이 초롱초롱해진다. 더욱이 미래의 모습을 그려 보라 하면 결혼부터, 직장, 자녀계획까지 다소 생각지 못한 부분까지 상세하게 설명해 주는 학생도 있다. 나 역시 학생들에 비하면 현실적인 어른이다 보니 학생들의 이야기를 듣고 때로는 고리타분한 현실적인 조언을 해 주기도 한다. 너무 현실을 모르는 게 아닌가 하는 염려에서였다.

하지만 나는 어른이라 하기엔 아직 철없는 꿈을 많이 꾸고 있는 '어른이'이다. 그래서 앞으로도 계속 새로운 꿈을 드림보드에 적어 나갈 것이다. 그렇기에 학생들에게 현실적인 조언도 해 주지만 그들의 가능성에도 한 표를 던진다. 사람 앞일은 모르기 때문이다. 그래서 항상 이런 말을 덧붙이곤 한다.

"너희들이 어디를 가든 너희가 어떻게 하느냐에 따라 결과는 달라질 수 있어."

지금까지 펼치지 못한 자신만의 가능성을 앞으로 펼칠 수 있기를 마음으로 간절히 응원한다. 또한 드림보드에 적은 학생들의 꿈이 모두 이루어지기를 소망한다.

5장

내 꿈은 진행형,
이뤄 가는 중이다

내가 필요한 곳은 어디든 간다

"뭐해?"

"나 서울 왔어. 세미나 있어서."

나는 주말마다 서울에 자주 올라갔다. 독서모임 또는 흥미 있는 주제의 세미나 등이 있을 때마다 참석했기 때문이다. 그래서 주말에 친구들과 어울려 노는 시간은 한 달에 한 번 있을까 말까 했다. 그래서 친구들이 '조길동'이라는 별명을 붙여 주었다. 동에 번쩍, 서에 번쩍 전국으로 이리저리 날아 다니는 모습을 보고 홍길동이 떠올랐다고 한다.

이렇게 나는 내가 배우고 싶은 것을 찾아, 흥미를 채우기 위해 전국 어디든 가서 배울 준비가 되어 있었다. 일상에서는 늘 일과 관련된 이야기들을 많이 했기 때문에 새로운 사람들을 만나 그들과 새로운 주제에 대해 이야기 나누는 것이 설레기 때문이다. 그리고 나와 관심사가 같은 사람들을 만나고 새로운 것을 배우는 것이 내 삶의 낙이 되었다. 그래서 일하는 5일 동안 주말을 기다리게 되었다.

이제는 내가 직접 가지 않아도 나의 이야기를 전할 수 있다. 나의 분신인 책이 전국의 서점을 통해 원하는 사람들에게 전달되고 있기 때문이다. 내가 직접 가기 힘든 먼 섬이나 산간 지역까지도 나의 이야기를 전할 수 있다. 이것은 내 이야기를 담은 나의 저서가 출간되었기 때문에 가능한 일이다.

2년 전 여름, 강원도에서 여고생 2명이 나를 찾아왔다. 나의 책을 읽고 메일로 인터뷰를 요청한 것이다. 처음에는 거리상 멀기 때문에 당연히 메일로 인터뷰를 하는 줄 알았다. 하지만 직접 대구로 오겠다는 불타는 의지를 보였다. 그 열정에 나도 기꺼이 시간을 내어 보겠다 하고 대구 동성로에서 만나기로 약속을 했다.

만나기로 한 날, 하필이면 비가 내렸다. 인터뷰 하러 오는 김에 대구를 둘러보는 여행도 하고 싶다고 했던 학생들이 초행길에 비로 인해 힘들지는 않을까 걱정이 되었다. 하지만, 나의 이러한 생각은 기우였다. 카페에 먼저 도착해 기다리고 있는데, 밝은 표정의 예쁜 두 학생이 들어서자 빛이 나는 것처럼 밝은 에너지가 느껴졌고, 그들은 전혀 힘든 기색 없이 수줍은 듯 내게 인사를 건넸다. 처음 방문하는 대구, 만나고 싶었던 작가, 꿈을 이룬 롤모델을 만난다는 것에 설레어서 전혀 힘들지 않았다고 한다. 오히려 나와 인터뷰를 끝내고 어디 갈지 찾아보느라 오는 길이 흥분되었다고 했다. 그 학생들의 밝은 에너지에 나 역시 저절로 입꼬리가 올라갔다. 그래서 인터뷰 내내 시간 가는 줄 모르고 침 튀기도록 이야기했다.

인터뷰는 학생들이 미리 적어 온 질문지를 바탕으로 진행되었고, 그 질문들은 이미 몇 주 전 나에게 메일로 먼저 보내 온 것들이었다. 인터뷰 시간을 효율적으로 활용하기 위해 나는 항상 인터뷰나 코칭 진행 시, 질문을 미리 받아서 준비한다. 그러면 주어진 시간을 더 효율적으로 보낼 수 있고, 상대방 역시 원하는 이야기들을 더 많이 들을 수 있다.

여러 번 인터뷰를 해 보니 질문은 대부분 비슷했다. 어떻게 간호사를 하게 되었느냐, 간호사로 일하면서 기억에 남는 일, 가장 힘들었던 기억이 무엇인가, 책은 어떻게 쓰게 되었는가 등의 질문이다. 간호사를 꿈꾸는 학생들에겐 특히나 경험해 보지 않은 간호사의 현실적인 생활에 대해 듣고 싶어 했고, 이미 일을 하고 있는 간호사는 다른 병원의 삶, 또는 이직에 대해 알고 싶어 했다.

작년 여름에는 3년차 A간호사가 나를 만나기 위해 대구로 왔다. 경북에 살고 있었지만 나의 책을 읽고 꼭 만나고 싶었다며 나에게 먼저 연락을 해 주었다. 간호사로 일을 함에 회의감에 빠져 있을 때 나의 책을 읽게 되었고 힘을 얻게 되었다고 한다. 현재의 병원 생활에 만족감이 없어 이직을 생각하면서도 지금 있는 곳이 간호사로 살아감에 좋은 스펙이 될 수 있어서 어떻게 해야 할지 고민이 된다고 했다. 나는 그녀의 꿈이 간호사이기에 이미 간호사의 삶을 살고 있으므로 꿈은 이룬 것이라고 격려했다. 그 꿈 너머의 꿈이 아직 제대로 설정되어 있지 않아서 이렇게 흔들리고 있음을 알려 주고, 더 나아가 무엇을 하고 싶은지, 무엇을 해야 할지에 대해 생각해 볼 것을 권유했다.

이 외에도 메일과 전화 등으로 다양하게 독자들이 나에게 고민을 털어놓거나 나의 이야기를 더 듣고 싶어 한다. 그러면 나는 나의 이야기, 나의 경험담, 나의 위로가 필요한 곳에 전해질 수 있다는 기쁨에 하나하나 성심껏 대답한다.

한번은 사직한 간호사 딸을 둔 어머니와도 통화를 했었다. 나처럼 간호사 일에 어려움을 느껴서 사직을 했는데, 나이가 있어서 다른 병원의 이직이 어렵다고 고민을 털어놓으셨다. 얼마나 걱정이 되셨으면 이렇게 직접 전화를 하셨을까 하는 생각에 늦은 시간이었음에도 불구하고 답변을 드렸고, 일하는 중에는 점심시간에 통화하며 함께 고민하고 내가 아는 정보를 알려드렸다.

다양한 위치에 있는 사람들과 간호사라는 공통의 관심사로 이야기를 나눌 수 있다는 것이 나에게는 감사하고 즐겁다. 그리고 한 발 앞서서 경험했다는 이유로 그들에게 조금이나마 도움이 될 수 있다는 것이 뿌듯하다. 앞으로도 계속 필요한 곳 어디든 내 이야기가 전해지고 도움이 되기를 바란다.

새로운 만남이
인연으로

작년 1월, 인스타그램을 통해 한 남자 신규간호사가 나를 만나러 왔다.

나의 책을 읽고 책에 대한 이야기를 나누며 간호사에 대해 인터뷰하고 싶다고 했다. 처음엔 의심이 되었다. 워낙 SNS상에 광고를 하는 사람들이 많아서 '이상한 사람은 아닐까.', '왜 나를 찾아온다는 걸까.' 하고 의심이 들었지만 그의 인스타그램을 살펴보며 이상한 사람은 아님을 알게 되었다. 그 간호사는 지금 인스타그램에서 간호사 공감 이야기로 인기를 누리는 '리딩널스'이다.

리딩널스와는 동대구역에서 만났다. 초행길인 그를 만나러 동대구고속버스터미널로 갔다. 그리고 그 근처에서 인터뷰하고 밥을 먹으면 좋겠다는 생각을 했다. 하지만 대구라는 곳을 조금 더 소개해 주고 싶어서 '김광석 거리'로 안내했다. 음악을 좋아한다는 그의 말에 힌트를 얻어서였다. 덕분에 대구에 살면서도 한 번도 가 보지 않은 김광석 거리에 가게 되었다. 우선 포토존에서 타이머를 이용해 사진을 찍으며 친해지는 시간을 가졌다. 처음엔 어색했지만 그렇게 함께 구경하며 사진 찍으면서 굳은 마음이 조금씩 녹았다. 이렇게 마음을 여는 시간이 없었더라면 인터뷰에서 더 진솔한 대화가 오고가지 못했을 것 같다.

김광석 거리에서 음악의 테마가 있는 카페를 발견하고 인터뷰를 위해 들어갔다. 아담한 카페였지만 잔잔한 음악이 배경으로 깔리고 아기자기한 소품들이 전시되어 있어서 아늑한 기분이 들었다. 커피 한 잔을 하며 인터뷰를 시작했고, 그렇게 한참 이야기를 나누다 보니 끝나갈 즈음에는 해가 지면서 어두워지고 있었다. 그만큼 길게 이야기를 했다는 것이 믿기지 않을 정도로 대화가 재미있었다. 간호사가 된 동기, 책을 쓴 이유, 간호사의 생활, 지금 하는 일 등에 대해 이야기한 것은 다른 인터뷰와 비슷했지만 그 속에서 조금 더 깊은 이야기들을 나누게 되었다. 나의 비전, 힘들게 일하는 간호사들을 위한 간호사의 삶 등이 서로 공통된 관심사였고, 신앙적인 부분들도 서로 공감하는 부분이 있어서 시간 가는 줄 모르고 진솔한 대화를 할 수 있었던 것이다.

반대로 내가 리딩널스에게 질문을 하기도 했다. 어떻게 이렇게 전국으로 책 쓴 간호사 저자를 만나서 인터뷰를 할 생각을 했는지, 신규간호사임에도 시간을 내어 책을 읽는 열정을 가질 수 있는지 등등 다양한 이야기를 했다. 이렇게 서로 질문과 대답을 하다 보니 긴 이야기 속에서 친해질 수 있었다. 그리고는 동대구역으로 가서 간단한 저녁을 먹고는 리딩널스를 배웅했다.

두 달 뒤, 리딩널스로부터 전화가 왔다. 간호사이사 포널스출판사 대표이신 모형중 대표님이 간호사 작가모임을 기획하고 있으니, 마음이 있다면 함께하자는 제안을 했다. 항상 나와 같은 뜻을 가진 사람들과 함께하고 싶은 마음이 있었기에 나는 당연히 오케이였다. 리딩널스를 통해 간호사 작가모임이라는 곳에 참여할 수 있어서 사람의 인연이 참 중요하다는 생각을 했다. 내가 의심을 해서 리딩널스를 만나지 않았더라면 어떻게 되었을까.

그렇게 카톡방에 초대되었고 하나둘씩 참여하는 간호사 작가들이 늘어났다. 이렇게 한 곳에 모이니 간호사 작가가 생각보다 많았다. 그리고 간호사 작가동호

회의 첫 오프라인 모임을 가지게 되었다. 모임에서는 서로 소개를 하고 책을 쓴 동기, 책에 대한 소개를 했다. 정말 다양한 곳에서 근무한 간호사들이 모였고 연차도 다양해서 그만큼 다양한 이야기를 들을 수 있었다. 첫 모임에 참석한 작가들을 소개하면, 『관계자 외 출입금지』의 저자 엄지, 『신규간호사 안내서』의 저자 노은지, 『나? 남자간호사! 병원? 때려치웠지! 여행? 남미갈꺼야!』의 저자 우승범, 『간호사, 너 자신이 되어라』의 저자 한화순, 『간호사, 대학원 가기』의 저자 최영림, 『간호사 취업비법』의 저자 송세실, 『미스터 나이팅게일』의 저자 문광기 그리고 『서툴지만 괜찮아』의 저자인 나였다. 소개를 하면서 발견한 공통점은 하나같이 간호사를 '위해' 책을 썼다는 것이다. 간호사를 위하는 나와 같은 마음을 가진 사람들을 만날 수 있어서 설레었다. 내가 꿈꾸는 간호사를 위한 간호사의 삶에 조금 더 가까워진 느낌이었다. 혼자서는 무언가를 시도하기 힘들지만 같은 마음을 품은 여러 사람들이 함께한다면 무엇이든 가능할 것 같았기 때문이다. 그래서 내가 꿈꾸는 삶에 조금 더 가까워진 느낌이 들었다.

첫 모임을 시작으로 작가모임에는 간호사 작가들이 하나둘씩 늘어나고 있다. 꼭 책을 쓰지 않았더라도 작가를 꿈꾸는 예비 작가뿐 아니라 간호사라는 이름으로 다양하게 활동하는 분들이 함께하고 있다. 글을 쓰는 사람들이 모인 만큼, 앞으로 간호사들을 위한 다양한 책들이 더 많아지기를 꿈꿔 본다. 그래서 간호사에 대한 부정적인 사회적 인식이 조금 더 개선되었으면 한다. 또한, 문제시되고 있는 병원 시스템과 간호사 인력 문제의 심각성을 사회가 인식하여 건설적인 해결방안이 제시되고 개선되었으면 한다.

어느 한 신규간호사와의 만남이 간호사 작가모임으로까지 이어졌다. 앞일은 정말 모르는 것이다. 나는 나의 이야기를 책으로 썼을 뿐인데, 누군가는 나의 이야기에 위로를 받고, 용기를 얻어 나를 찾아온다. 그리고 그 만남이 더 많은 사람들을 만날 수 있는 연결고리가 되어 나의 꿈까지 키울 수 있게 되었다.

내 인생의 반전

학창시절, 누구나 집에 하나씩 있는 세계명작전집 세트는 일 년에 한두 번 읽을까 말까였고, 수업시간에 주어지는 문학작품을 읽으면서는 늘 머리가 지끈거렸다.

"우리가 이 작가의 의도를 왜 파악해야 하지? 의도

는 작가가 알지, 내가 어떻게 아냐고."

그리고 언어영역 모의고사를 풀고 나면 항상 얼굴이 벌겋게 달아올랐다.

"왜 이렇게 지문이 길어! 시간 안에 언제 다 읽느냐고. 결국 외워서 하라는 건데, 그게 언어영역이냐 암기영역이지."

이렇게 국어시간은 항상 불만이었고, 재미가 없었다. 결국 수능 언어영역에서도 마지막 장의 지문은 읽어 보지도 못한 채, 찍고 나와야만 하는 결과를 낳았다. 그제야 '평소에 책을 좀 읽을걸.', '작품 분석을 외울걸.'이라는 아쉬움을 토로했다. 그러면서 나는 정말 책과는 인연이 없는 사람이라 합리화하며 더더욱 책을 읽지 않을 이유를 찾았다.

20대 초반에도 책과 인연 없이 살았다. 그러다 20대

중반, 외로운 타지 생활을 하며 친구가 없는 외로움을 책으로 채워 나갔다. 제목만으로도 위로를 받았고 짧은 글귀에도 격려를 받았다. 때로는 재미있는 스토리에 빠져서 밤새도록 읽기도 했고 자기계발서를 읽으며 조금 더 나은 삶을 위해 발버둥치기도 했다.

이렇게 20대 중반에 서서히 책과 친해지기 시작한 후, 30대 초반에 나의 책을 출간했다. 글 읽기조차 싫어했고 쓰는 것은 상상도 해 볼 수 없던 나에게 책 쓰기는 엄청난 도전이었고 나 자신과의 싸움이었다. 전문 작가들이 보기에는 다소 어설플지 모르지만 나에겐 굉장한 작품이다. 누구도 경험하지 않은 나만의 인생이 고스란히 들어 있는 책이기 때문이다.

책 출간 후, 주변에서는 내가 책을 좋아했고, 글에 재능이 있어서 쓴 것이라고 생각하지만, 전혀 그렇지 않다. 그저 다른 사람에게는 없는 단 하나, '실행력'이 있었기 때문이다. 지금도 주변에서는 '언젠가', '나중에' 책을 쓰겠다는 사람들은 굉장히 많다. 하지만 나는 '언젠가'='안 쓴다'라고 생각한다. 언젠가는 영원히 오지 않을 수도 있기 때문이다. 하얀 종이 위의 까만 글자들과는 전혀 인연이 없던 나에게 A4 용지 한가득 글을 쓰게 될 줄 누가 알았을까. 나조차도 신기한 일이다.

초등학교 수업시간, 발표를 굉장히 꺼려했다. 발표하는 사람에게 초콜렛을 준다는 선생님의 달콤한 유혹에도 절대 넘어가지 않는 완벽한 철벽녀였다. 그렇게 발표를 싫어했던 이유는 발표자에게 시선이 집중되는 것이 너무나 부담스럽고, 틀린 답을 말해서 반 친구들 앞에서 망신을 당할까봐 두려워서였다. 그것이 어린 시절 나의 성격이었다. 너무나 내성적인 성격으로 가까운 친구 한두 명 외에는 별로 이야기도 하지 않았다. 그래서 초등학교 통지표에는 '발표력이 부족하여'라고 적혀 있다. 그래서 학년이 올라가면서 스스로 내 생각을 이야기해야겠다는 결심은 하지만 실천하기는 어려웠다.

하지만 20대 중반, 뮤지컬 무대에 두 번이나 섰으며, 4년째 학생들 앞에서 말하는 선생님이 되었다. 그리고 나의 지식과 경험을 가지고 사람들 앞에서 강연도 하고 있다. 사람들의 시선이 집중되는 것이 지금도 당연히 떨리는 일이다. 하지만 그것을 극복해 나가며 사람들 앞에 서고 있다. 왜냐하면 나의 이야기를 나누고 그것으로 사람들과 소통하는 일이 나에게는 가슴 뛰는 일이기 때문이다. 그리고 내 안에 말하고 싶어 하는 또 다른 내가 있다는 것도 알았다. 학교수업도 마찬가지다. 처음에 교단에 설 때는 너무도 떨려서 식은땀이 날 정도였다. 하지만 그 긴장감을 극복하자 지금은 개그욕심까지 부리는 선생님이 되었다. 그래서 이제는 더 많은 사람들을 만나고 더 많은 이야기를 하는 모습을 그려 보게 되었다.

내 인생의 이러한 반전은 내가 특별해서 일어난 일은 아니다. 어쩌면 너무나 평범해서일지도 모른다. 앞으로 내 인생에 어떠한 반전이 생길지 예측할 수 없지만 또 다른 반전이 기다리고 있다는 것은 확실하다. 그래서 롤러코스터 인생이라는 말이 나오지 않았을까. '인생은 살아 봐야 안다'는 말처럼 우리의 인생은 겪어 봐야 알고 앞으로 어떤 일이 일어날지는 지금으로서는 전혀 예측할 수 없다. 그래서 하루하루가 더 소중하고 재미있다.

물론 그 반전에는 개인의 노력도 필요함은 당연하다. 글 한번 제대로 써 본 적 없는 내가 A4 용지 80장 가까이 쓰면서 얼마나 머리를 쥐어뜯었는지 모른다. 늘 쓰던 한국말이지만 적합한 단어를 찾느라 사전을 뒤지기도 하고 맞춤법을 몰라 헤매기도 했다. 그리고 쓸 말이 떠오르지 않아서 깜박이는 커서를 멍하니 바라본 적도 수없이 많다. 그럴 때 포기하지 않았던 것은 강력한 동기부여가 있었기 때문이다. 나의 경험으로 다른 사람들을 위로하고 싶었던 마음 말이다. 그 강력한 동기를 놓지 않고 나를 다독여, 나의 한계를 넘어선 결과를 낳은 것이다.

말하는 것 역시 마찬가지다. 처음 강연에는 말이 너무 빨라서 시간이 많이 남기도 했고, 호흡조절이 안되어서 마이크를 타고 강연장 안 가득 헉헉거리는 숨소리가 울리기도 했다. 그래서 늘 말할 때 '천천히 말하자'를 수십 번 되뇐다. 그리고 최대한 긴장하지 않은 척하려 애쓴다.

반전이라는 것은 굉장한 일인 것 같지만 사실은 작은 노력 하나로 가능하다.

극복하지 못할 것 같은 나만의 콤플렉스를 작은 행동 하나를 시작으로 바꿔 보는 건 어떨까. 그러면 생각지 못한 내 인생의 반전이 찾아올지도 모른다.

오랫동안 꿈을 그리면, 마침내 그 꿈을 닮아간다

나는 사람들을 돕는 것이라는 조금은 추상적인 꿈에서 점차 사람들의 꿈을 찾을 수 있게 동기부여 해주는 것으로 조금은 구체적인 꿈을 꾸게 되었다. 그 꿈을 위해 내가 하는 일은 평생 책을 쓰고, 코칭하며, 사람들 앞에서 강연을 하는 것이다. 이렇게 좋아하는 일을 하며 평생을 현역으로 살아가는 것을 꿈꾼다.

지금은 그것을 이뤄 가는 중이다. 학교에서 이미 학생들 앞에서 이야기하며 동기부여를 하고 있다. 지식 전달을 하는 수업이 대부분이지만 그 가운데에서도 학생들에게 좋은 글귀나 나의 경험을 활용하여 공부에 대한, 취업에 대한 동기부여를 해 주고 있는 것이다. 처음에는 학생들 앞에서 말하는 것도 어렵고 긴장되었다. 지금까지 살면서 사람들 앞에 서서 말해 본 경험이 별로 없는 나에게는 당연한 일이었다. 하지만 매일 학생들 앞에 서고 수업을 하면서 조금씩 나아지고 있다. 특히, 새로운 학생들을 만나면 그 긴장감이 커진다. 그럼에도 첫 한마디를 시작하면 그 긴장감은 사라지고 온전히 수업에 몰입할 수 있게 되었다.

많은 사람들 앞에서 감동을 주는 강연을 하고 싶은 나에게 매일이 연습이고 실전이었다. 그래서 더 열심히 했는지도 모른다. 그 연습 과정이 쉽지는 않았다. 학생들이 항상 나의 이야기에 귀를 기울여 주는 것은 아니었고 때로는 상처를 주기도 했다. 이러한 매일의 일상으로 강연을 준비하고 꿈꾸고 있다.

책 쓰기는 매일 조금씩 글을 쓰며 놓지 않으려 애쓴다. 학기 중에는 집에서 컴퓨터를 켤 시간조차 없을 때도 많아서 어쩔 수 없이 방학 때 몰아서 책 쓰기를 한다. 내 컴퓨터 폴더에는 서너 개의 책 제목이 만들어져 있고, 목차가 완성된 것도 있다. 그렇게 나 자신에게 써야 할 책이 있음을 항상 인지시켜 주고 있다. 그래야만 책 쓰기를 잊지 않고 꾸준히 해 나갈 것이라 생각되어서이다. 한번 손을 놓으면 다시 키보드를 두드리는 일이 쉽지 않다.

작년, 임신으로 인해 책과 관련된 모든 것을 놓았다. 입덧으로 인해 책을 읽는 것조차 힘들었다. 앉아있으면 어지럽고 토할 것 같아서 누워서만 지냈다. 그랬으니 당연히 책은 눈에 들어올 리 만무했다. 책 읽기도 힘든데 책을 쓰기는 당연히 생각도 못할 일이었다. 그렇게 일 년을 책과는 담을 쌓고 이제야 이렇게 다시 수정하며 책을 쓰고 있다. 이미 이 책의 목차도 일 년 전에 만들어졌지만 지금에서야 완성을 눈앞에 두고 있는 것이다. 일 년을 쉬고 나니 다시 책을 쓰려고 마음먹고 행동으로 옮기기까지 많은 시간이 들었다. 마음으로는 '해야지, 해야지.' 하면서도 쉽게 행동으로 옮겨지지 않았다. 그래서 수많은 책 쓰기 책에서 왜 '매일', '꾸준히'를 강조하고 있는지 알게 되었다. 매일 꾸준히 책 쓰기 근육을 길러야 30~40꼭지에 달하는 한 권의 책을 쓸 수 있기에.

이렇게 책 쓰기와 강연은 내 마음속에서 놓지 않으려 애썼다. 기회가 온다면 기꺼이 하겠다고 하는 마음으로 준비하고 있었다. 그러던 중, 드디어 기회가 왔다. 현직 간호사 네 명이 전국을 돌며 간호대 학생이나 간호사를 꿈꾸는 중고등학생들에게 간호사의 삶, 마인드 컨트롤 등에 대해 강연을 하는 '널스케미'가 대구강연을 한다고 했다. 그래서 대구에 있는 나에게 보건교사에 대해 강연을 해달라고 했다. 아기가 태어난 지 딱

80일 되는 날이 강연일이었다. 마음속에 늘 그려온 꿈이었기에 하겠다고 했다. 모유수유를 하고 있음에도 말이다. 게다가 규모도 남달랐다. 그동안은 50명 이내의 사람들 앞에서 가끔 강연을 했었고 30명 이내의 학생들 앞에서 수업을 했다. 하지만 이번 강연은 230명 정도 예상한다고 했다. 그 숫자에 놀라기도 했지만 재미있을 것 같다는 생각에 오히려 더 흥분되었다.

우선 강연의 주제를 정하고 강의안을 만들기 시작했다. 자다 깨다를 반복하는 아기 덕분에 종이에 먼저 강연 안을 적어 보고 PPT의 가이드라인을 그려 보았다. 한쪽 팔에는 아기를 안고 다른 손에는 쪽지를 들고서 말이다. 그리고는 아기띠로 아기를 안고 PPT를 만들기 시작했다. 어깨가 아파오기도 하고 키보드를 누르기에는 불편하기도 해서 아기가 잠든 밤에 다시 수정을 하며 완성했다. 아기 덕분에 만들 때 오히려 더 집중할 수 있었다. 지금 완성하지 않으면 언제 또 시간이 주어질지 예측할 수 없었기 때문이다.

그리고 낮에는 아기를 재우면서 말하는 연습을 했

다. 원래 말이 빠른 편이라 최대한 천천히 말하는 것에 초점을 두어 타이머로 시간체크까지 했다. 그리고 옷장에서 정장치마와 원피스를 꺼내 세탁소에 맡기며 의상준비도 마쳤다. 오랜만에 하는 외출에 설레는 것인지, 230명 앞에서 강연을 한다는 것에 설레는 것인지 강연 전날 밤은 잠이 오지 않았다.

드디어 강연 당일이 되었다. 그것도 내가 꿈꾸던 수많은 사람 앞에서의 강연. 모유수유 중이라 수동 유축기까지 챙기면서 강연 장소인 수성대학교로 향했다. 그리고 도착한 강연장은 이미 많은 학생들로 채워져 있었고 기획자인 널스케미의 네 명의 선생님들과도 인사를 나누었다. 그리고 나와 같이 초청된 법의 간호사 선생님과도 인사를 했다. 그리고 시작된 강연. 나는 두 번째 순서라 조금 여유가 있었다. 나보다 앞에 하는 유튜버 널스맘 선생님의 강연을 들으며 내 모습도 그려 보았다. 잘할 수 있다는 생각만 하며 심호흡을 하니 마음이 조금 안정되었다.

드디어 나의 순서가 되었다. 무대에 오르는 순간 심장이 멎는 것 같았다. 하지만 막상 마이크를 잡고 인사를 하자 긴장감은 사라지고 열정과 개그본능이 찾아왔다. 더욱이 반짝반짝 빛나는 예비간호사들의 눈빛을 보자 힘이 불끈 솟았다. 그래서 예정에도 없던 다양한 사례를 얘기하느라 신이 나서 시간 가는 줄도 몰랐다. 사회자가 중간에 시간을 알려 주어서 준비한 내용을 시간 안에 다 마무리할 수 있었다. 그렇게 나의 이야기를 마치고 내려오는데 재미있다는 생각이 들었다. 말하는 것을 좋아해서 대학교 때 친구가 '조쫑알'이라고 불렀던 기억이 떠오르며 내가 말하기를 좋아한다는 것을 다시금 깨달았다.

내가 좋아하는 일을 하며 사는 것. 이것의 나의 꿈이다. 대학교에서 강연을 하며 나는 강연가의 꿈은 이루었다. 하지만 앞으로 더 많은 사람들을 만나며 이야기를 나누고 싶기에 나는 꿈을 이루어 가는 중이다.

나답게 살고, 일하고,
감사하라

우리가 사는 인생에는 정답이 없다.

우리는 각기 다른 재능과 적성 그리고 환경에서 산다. 그래서 생각하는 것도 추구하는 것도 다르다. 그런데 우리나라의 문화는 '함께'의 문화이다 보니 남들처럼 사는 것을 추구한다. 특히, 우리 부모님 세대들은 남들보다 뒤처져서도 안 되고 너무 튀어서도 안 되는 평범한 삶을 살기를 바랐다. 하지만 지금은 시대가 변하면서 SNS가 발달하고 나만의 독특함을 추구하기 시작했다. 특히, 초등학생들의 장래희망이 많이 바뀌었다. 어느 인터넷 기사에 의하면 요즘 초등학생들의 장래희망 순위 5위에 유튜버가 처음으로 진입했다고 한다. 나의 어린 시절엔 생각도 해 보지 못한 직업이다. 이처럼 빠르게 변하는 시대에 더 이상 남들처럼은 통하지 않는다.

'나다움'이라는 말을 알게 된 건 한창 책을 읽으면서이다. 그전에는 남들처럼 살아야 한다고 생각했고, 부모님의 기대에 부응하기 위해 남들이 선호하는 대학병원에 지원하였다. 남들이 우러러봐 주는 대학병원 간호사라는 이름으로 다른 사람들의 부러움도 사고 부모님의 자랑이 되었다. 하지만 책을 읽고 나를 다시 알게 되었고 내가 원하는 삶이 있음을 알았다. 그리고 내 안에 숨어 있던 꿈도 발견하였고 드림보드를 작성하면서 가슴이 뛰기 시작했다. 그렇게 '내가 이런 사람이었구나.' 깨닫는 순간 행복했다. 사회생활을 시작하고 조직에 적응하지 못하고 자주 이직했던 내 자신을 이해했기 때문이다. 의지가 약해서, 혹은 내가 못나서가 아니라 다방면에 재능이 있어 다양성을 추구하려는 나의 모습 때문이었다는 사실을 발견한 것이다. 그래서 그러한 나의 성향을 아우르는 직업을 가진다면 나도 충분히 나의 기량을 발휘할 수 있나고 생각했다. 아니 지금도 그렇게 생각한다.

보건특성화고 보건교사의 일이 내 재능을 아우르는 일 중에 하나라 생각한다. 아기자기한 그림 등에 흥미가 있어서 수업시간에 비주얼 싱킹을 활용하여 그림을 그린다. 잘 그리고 못 그리고를 떠나서 그러한 수업을 계획하고 준비하는 과정이 즐겁고, 그 학습지를 통해 학생들의 다양성을 발견하는 일도 흥미롭다.

또한 말하기를 좋아해서 학생들과 수업을 하고 개인적인 상담에서 나의 기량을 발휘한다. 수업 중 재미있는 사례 이야기는 학생들이 좋아한다. 특히 나의 특유의 살아 있는 표정 덕분에 이야기가 더 실감난다고 한다. 그리고 상담에서는 '드림메디컬코칭과정'에서 배운 코칭 기법을 활용한다. 충분히 들어 주고 질문만 하는데 학생들은 답답했던 문제의 해답을 가지고 돌아간다. 문제를 가지고 나를 찾아온 학생들의 공통점은 그들 안에 해답을 가지고 있다는 것이다. 그것을 깨닫게 해 주는 것, 스스로 말하도록 해 주는 것이 나의 역할이다.

아로마테라피 창업강사 자격증을 취득하면서 천연비누와 캔들, 석고방향제 등을 만들었던 경력을 학교 동아리 활동에 접목시켜 '핸즈아로마'라는 동아리를 만들었다. 학생들과 석고방향제 만들기를 하는 동아리이다. 복잡한 아로마에 대한 이해는 간단하게 설명하고 다양한 모양의 방향제를 만들었다. 드라이 플라워까지 이용하여 만드니 학생들이 굉장히 즐거워했다. 특히, 자신만의 디자인으로 만들었다는 것에 뿌듯함을 느끼는 듯했다. 한데 모아서 사진을 찍는데 어느 하나 뺄 것 없이 예뻤다. 각각의 모양이 다 달랐지만 한데 어우러져 더 예뻐 보였다. 그것을 보는 순간 생각했다. 사회라는 곳도 어쩌면 이런 것이 아닐까 하고 말이다. 각각의 다른 사람들이 모여서 하나의 어우러진 작품을 만들어 가는 것이라고. 그러니 나 같은 사람도 있고 하나의 일을 꾸준히 하는 것이 적성에 맞는 사람도 있는 것이다. 이들이 각자의 맞는 자리에서 자신의 역할을 다할 때 이 사회가 더 조화롭게 빛날 것이라 생각했다.

새로운 것을 배우는 것에 재미를 느끼는 나에게 교원연수는 일상의 활력소였다. 특히, 수업방법에 관련된 것들은 더욱 구미가 당겼고 자발적인 참여로 이어졌다. 밴드에 수업 관련 모임을 찾아 가입하고 그곳에서 제시하는 다양한 활동들을 다운받아서 활용해 보는 재미가 쏠쏠했다. 오프라인 연수가 있을 땐 신청하여 참여하였다. 활발하게 수업연구를 하고 그 결과물을 보여 주는 선생님들의 열정을 보면서 내 마음에도 열정의 불씨가 지펴졌다. 그래서 더 열심히 따라했는지도 모른다.

이렇게 나는 나답게 학교생활을 즐겼다. 보건실 업무가 더 재미있다는 선생님도 있고 수업하는 데 흥미를 느끼는 선생님도 있을 것이다. 정답은 없다. 내가 그 일을 함에 있어 즐겁고 행복하다면 그것이 정답이라고 생각한다. 병원에서 일하면서는 신규 시절 힘든 이야기를 소재로 책을 집필했고 주말엔 자기계발을 위한 세미나나 스터디 참석을 위해 서울을 자주 드나들었다. 예쁜 옷을 사는 것보다 무언가를 배우는 것에 돈 쓰기를 즐겼다.

이것이 '나'이다.

이러한 나를 주변에서는 '독특하다'라고 한다. 처음에는 이 말이 조금은 나쁜 말처럼 들렸지만 이제는 아니다. 독특하다는 말이 '너는 참 너답다'라는 말처럼 들려서 이 말이 좋다.

Epilogue

꿈은
생계 위에 있으며 현실 속에 있다

꿈을 간호한다는 나에게 때로는 꿈을 찾아 지금의 병원을 그만두겠다고 말하는 간호사들이 있다. 나의 꿈은 간호사가 아니었다면서 말이다. 그런데 그만두고 무얼 하겠느냐 물었을 때, 계획을 가지고 있는 간호사는 별로 없었다. 그저 쉬면서 찾아보겠다고 하는 사람들이 많았다. 그 말을 듣는 순간 과거의 내 모습이 떠올랐다. 나 역시 간호사가 꿈이 아니었으므로 더 빨리 병원을 퇴사할 수 있었고 특별한 계획보다는 지옥같은 이 병원을 탈출하여 나에게 쉼을 주는 것이 퇴사의 목적이 되기도 했다. 그리하여 내가 꿈꾸던 일을 시도해 보는 것이 가장 이상적인 것이라 여겼다.

하지만 시간이 흐르면서 유명 강사의 특강에도 참여하고, 다양한 책을 읽으며 나에게 꿈에 대한 생각이 달라졌다. 꿈이라는 것은 생계를 바탕으로 한다는 것이다. 생계, 먹고 살기 위해 돈을 버는 것도 꿈만큼이나 중요하다는 것은 결혼하고 아이를 낳고 보니 더욱 실감이 되었다. 예전에 들었던 특강에서 김미경 강사가 자신에게 꿈보다 생계가 더 중요하며, 생계를 위협하는 일은 절대 하지 않는다고 말했을 때 조금은 충격을 받았었다. 그런데 그 말을 이제는 이해한다. 생계가 있어야 꿈도 이룰 수 있다는 것을. 아니 생계를 위한 일 역시 꿈을 위해 돈을 버는 과정으로 꿈을 이뤄 가는 과정 중의 하나라 볼 수 있다.

김미경 강사가 했던 말이 떠오른다. 꿈을 위해 사직서를 쓰겠다는 사람에게 했던 말이다.

> *"왜 나와서 해. 거기(일하는 곳)서 해. 거기서도 얼마든지 할 수 있어."*

지금 일하고 있는 곳에서도 얼마든지 꿈을 위해 무언가를 할 수 있다. 특히 요즘 후배들만 보아도 알 수 있다. 열심히 일하면서도 틈틈이 공부를 해서 공무원에 합격하여 퇴사하거나 다른 직장에 합격하여 퇴사하는 경우가 종종 있다. 내 주변에도 꾸준한 취미생활을 통해 캘리그라피 자격증을 취득하고 다양한 작품 전시회에도 참여한 뒤, 일하면서 모은 돈으로 공방을 오픈한 지인도 있다. 이렇게 일터에서 꿈을 키우는 사람들이 점점 늘어나고 있는 추세이다.

생계도 꿈도 포기할 수 없는 것이라면, 이왕이면 일터를 나의 꿈을 위한 준비학교라 여기고 꿈터처럼 생활을 해 보는 것은 어떨까. 그러면 그 꿈은 더 빨리 나에게 다가올 것이다. 나에게는 학교생활이 꿈터였다. 비록 병원에서는 일터처럼 일을 했지만 책을 쓰면서 그곳에서도 참 많이 배웠고 소중한 추억들이 있다는 것을 깨달은 후, 학교에서는 좀 더 달라진 마음가짐으로 나의 꿈과 연관시켜 일을 하게 되었다. 수업 준비 및 PPT 작성은 강연 준비를 위한 연습이라 여겼고, 수업은 강연을 위한 연습이라 여겼다. 그리고 틈틈이 책을 읽고 다양한 모임에 참여하며 꾸준히 나에게 긍정적인 자극을 주었다. 그랬더니 학교생활이 힘들다기보다는 재미있다는 느낌이 들었다. 물론 힘든 일이 왜 없었겠는가. 앞에 나온 사례만 보아도 맘고생이 묻어난다. 그렇지만 나에겐 돈을 버는 것도 중요하고 꿈을 위해 책을 읽고 책을 쓰는 것도 중요하다. 이 두 가지를 같이 할 수 있는 일이기에 더없이 행복하게 일을 했다. 그랬더니 꿈을 이룰 수 있는 기회가 빨리 다가왔다. 간호사 작가모임을 시작으로 비슷한 꿈을 꾸는 꿈 친구들과의 꿈 맥이 형성되었고 올해는 꿈꾸던 강연 무대에 두 번이나 올랐다. 그리고 이렇게 두 번째 책의 출간을 앞두고 있다.

지금은 육아에 전념하는 중이다. 육아에 대해서는 1도 모르던 내가 이제 겨우 조금씩 육아라는 것에 눈을 뜨고 있으며 육아 맘들의 고충에 함께 공감하고 있다. 그러면서 육아에 대한 책도 한번 써 보고 싶다는 나만의 꿈을 또 꾸게 되었다. 또한 육아 맘들과의 수다 및 독서 모임도 고려하고 있으며 간호사들의 독서 및 책 쓰기 모임도 추진 중에 있다. 이렇게 하루하루 꿈을 이루어 가고 또 다른 꿈을 꾸는 현재, 나는 꿈을 이뤄 가는 중이다.

예전에는 꿈이라는 것을 뭔가 대단한 것, 일상을 벗어난 것이라 여겼다. 하지만 꿈은 생계를 기반으로 하며 현실 속 우리 가까이에 있다는 것을 지금에서야 깨닫는다.

지금 당장이라도 당신은 현실을 꿈처럼 살아갈 수 있다.

꿈을 간호하는 간호사

초판 인쇄 | 2019년 6월 3일
발행 | 2019년 6월 10일

지 은 이 | 조원경
발 행 인 | 모형중
디자인·편집 | 윤수현
일 러 스 트 | 리딩널스
발 행 처 | 포널스출판사
등 록 | 제2017-000021호
등록기준지 | 서울시 강북구 노해로8길 22 경남아너스빌 311호
강 북 지 점 | 서울시 강북구 삼양로 104 1층
전 화 | 02-905-9671 Fax. | 02-905-9670

포널스출판사 FORNURSE
www.fornursebook.com

도서 반품과 파본 교환은 본사로 문의하시기 바랍니다.
검인은 지은이와의 합의로 생략합니다.

ISBN : 979-11-5746-894-2 03810
정 가 : 16,000원